WESLEY HAYKA

SEM ISSO VOCÊ NÃO VAI ENRIQUECER

Descubra o que sempre impediu você de ficar rico – por mais que tentasse – e como ter alcançar a prosperidade e a liberdade financeira que sempre sonhou.

EDITORA SAVI

Head Publisher: Bruno Valente

Revisão e Assistente Editorial: Daniela Sá

Diagramação: LivroEbook Diagramação e Design

Todos os casos apresentados ao longo do livro são baseados em histórias de pessoas reais. No entanto, foram alterados seus nomes e informações pessoais a fim de preservar suas identidades.

ISBN: 978-65-83040-02-2

EDITORA
SAVI

Site: www.editorasavi.com.br
e-mail: contato@editorasavi.com.br

WESLEY **HAYKA**

SEM ISSO VOCÊ NÃO VAI ENRIQUECER

Descubra o que sempre impediu você de ficar rico – por mais que tentasse – e como ter alcançar a prosperidade e a liberdade financeira que sempre sonhou.

EDITORA SAVI

SUMÁRO

INTRODUÇÃO

Uma vida verdadeiramente rica vai muito além da mera acumulação de riquezas: é um equilíbrio entre o bem-estar emocional, físico e financeiro. Visualize a si mesmo vivendo com abundância financeira e, ao mesmo tempo, com um domínio completo sobre as próprias emoções. Imagine-se imerso em felicidade genuína, com paz interior, desfrutando de momentos de pura alegria, enquanto mantém um vigor físico incrível. Essa é a essência de uma ***Vida Rica Por Completo***: a harmonia perfeita entre saúde, energia, força e disposição.

Neste livro, vamos nos aprofundar principalmente no aspecto financeiro da vida rica que estamos construindo juntos. Exploraremos o caminho para alcançar, além da riqueza, uma prosperidade que enriquece todos os aspectos da sua existência!

Liberdade financeira significa vencer as preocupações monetárias e poder fazer escolhas sem grandes restrições. Um dos marcos mais importantes nessa trajetória é a conquista do primeiro milhão — e esse é o meu objetivo aqui: guiá-lo até lá, mas de uma forma **sustentável** e **saudável**.

Antes de tudo, é preciso entender que essa busca não deve consumir todas as suas energias. Você não pode sacrificar a saúde, a família e a felicidade pessoal em nome da riqueza. Muitos vivem uma obsessão desenfreada pelo sucesso financeiro, apenas para descobrir que, ao atingirem o suposto pico da montanha, o sentido da vida não está ali.

Outros se veem presos numa corrida frenética, na qual o valor pessoal é medido pelo saldo bancário e o sucesso, uma meta inatingível. Então, os laços familiares, as relações de trabalho e as amizades são relegados a segundo plano, perdidos na sombra de um objetivo financeiro que consome toda a atenção e energia.

Mas e após a conquista do primeiro milhão? Uma revelação triste os aguarda: embora tenham acumulado riqueza, levaram uma vida de pobreza emocional. A família, antes um pilar de suporte, agora está longe por causa de todos os anos de negligência. As relações profissionais e pessoais, desgastadas pelo descuido, mostram o vazio de uma vida 100% dedicada ao acúmulo de capital.

Vamos fazer diferente. Este livro vai contra o sacrifício insensato. Aqui, eu trago uma redefinição da riqueza — a capacidade de viver com independência financeira sem sacrificar o equilíbrio emocional e as relações interpessoais.

Estamos buscando aqui uma riqueza que se baseia não apenas no que se tem, mas no que se é; uma riqueza que transcende o material e abraça o emocional e o espiritual. Do contrário, estaríamos falando de uma vida pobre: uma vida vivida somente em função do dinheiro, o que eu mesmo vivi durante grande parte da minha trajetória.

Cresci na periferia de Brasília, no bairro Quintas do Amanhecer, em um lar de muita simplicidade e luta diária pela sobrevivência. Em meio a barracos improvisados, não tínhamos energia elétrica e o sol ditava nosso ritmo: ao seu poente, todos iam dormir, apenas para sermos despertados por sua luz ao amanhecer e retomar o trabalho duro.

A violência estava sempre lá, à porta da nossa casa; homens armados circulavam com a casualidade de quem caminha em um parque, um perigo que espreitava em cada esquina.

A invasão que se transformou no lar da minha família era o campo de batalha onde minha mãe, uma guerreira incansável, lutava para criar a mim e aos meus dois irmãos. Desde os 9 anos, o peso da responsabilidade recaiu sobre meus ombros. Passei a cuidar dos meus irmãos mais novos e ajudá-los a se prepararem para a escola, enquanto minha mãe e meu padrasto davam o sangue para nos sustentar.

A escassez era enorme e as diferenças econômicas se tornavam claras já nos primeiros anos de escola. Lembro-me de um episódio marcante durante a quinta série, quando um professor de inglês organizou uma atividade que pedia que cada aluno trouxesse uma caixa de bombons. Fui o único que não pode participar, não por falta de vontade, mas porque minha mãe não tinha condições de comprar o que era necessário. Esse momento gravou-se em minha memória, pois me mostrou as barreiras financeiras que nos separavam dos demais.

Em um lar sustentado pelo salário mínimo de minha mãe e a pensão que meu pai, um policial militar, nos enviava, não tínhamos o suficiente para satisfazer as necessidades ou os desejos de uma criança que sonhava com um pouco mais.

Eu sonhava, por exemplo, com um tênis *Adidas*, um símbolo de status e aceitação entre meus colegas. Além do objeto em si, eu queria pertencer, ser reconhecido, não me sentir inferior. Isso plantou em mim uma semente de inconformismo que não demoraria muito a germinar.

Mas foi entre as páginas desgastadas de revistas que meu destino começou a tomar forma. O hábito da leitura, herança do meu pai, tornou-se a janela pela qual eu vislumbrei um mundo que não conhecia, cheio de possibilidades. Histórias de gigantes como Magazine Luiza, Netshoes e Reserva, empresas que transformaram sonhos em impérios, falavam diretamente ao meu espírito faminto por mudança. Elas faturavam milhões e redefiniram o que era possível para aqueles que, como eu, vinham do absoluto zero.

— E se eu empreender também? — comecei a me perguntar, sem ainda ter nenhuma noção de como faria isso. Mesmo sem saber como começar a abrir uma empresa, o empreendedorismo parecia a única saída para transformar o futuro da minha família e o meu próprio.

Meu pai esperava que eu seguisse seus passos no serviço público, mas a chama do empreendedorismo havia sido acesa em meu coração, e com ela a convicção de que meu caminho seria outro. Aos 17 anos, minha vida profissional começou em uma confecção de roupas, na qual cada tarefa, por mais simples que fosse, era uma oportunidade para aprender e crescer. Minha determinação e foco logo transformaram o novato da equipe em um habilidoso costureiro e, pouco tempo depois, fui trabalhar na *Centauro*.

Foi durante esse período que, cercado por roupas, calçados e imerso no dinamismo do varejo, meu desejo de empreender se fortaleceu. Chegar à posição de gerente aos 18 anos foi um grande feito, mas a insatisfação com a rotina e a clareza de que aquela não era a vida que eu desejava para mim me impulsionaram a tomar uma das decisões mais audaciosas da minha vida até então: aos 19 anos, com os direitos trabalhistas em mãos, lancei minha própria marca de roupas.

Era o início de um sonho. No entanto, não demorou muito para eu entender que o percurso não seria fácil e muito menos linear.

Apesar do entusiasmo e do investimento total de minhas economias, o projeto não deu certo. A paixão pelo empreendedorismo, por si só, não garante o sucesso de nada. Aos 20 anos, enfrentei a minha primeira grande derrota: a falência da minha marca. Felizmente, com isso veio um dos principais aprendizados da minha vida: *empreender sem conhecimento e estratégia é uma receita para o fracasso.*

Eu entendi que precisava ir além da intuição. Por mais que o nosso sexto sentido possa ser uma bússola valiosa, ele é ineficaz sem um repertório de conhecimentos e um método sólido. O empreendedorismo exige mais do que paixão e intuição. É preciso estratégia e disposição para aprender com cada passo, seja ele um sucesso ou um fracasso. A minha primeira falência me ensinou que a verdadeira sabedoria empreendedora está na capacidade de combinar intuição com conhecimento prático, aprendizado contínuo e um método — esse foi o grande ponto de virada nesta história.

Depois de fechar a marca, estava quase passando fome, e foi quando surgiu a proposta do meu irmão para trabalhar com culinária japonesa. Apesar do salário modesto, parecia ser a salvação que eu precisava! Com humildade, comecei a aprender a arte de fazer sushi e fui rapidamente de auxiliar a sushiman, e finalmente a gerente. Isso culminou na decisão de abrir meu próprio restaurante de sushi aos 24 anos, mas as dificuldades não demoraram a bater à porta novamente, com a crise econômica de 2014 jogando a última pá de cal no meu empreendimento.

Sim, dentro de um período de quatro anos, havia ido à falência duas vezes. Essa derrota dupla trouxe uma carga de desilusão que me fez questionar tudo. Passei a culpar o país e a economia pelos meus resultados, e tive a ideia de deixar o Brasil e tentar a sorte nos Estados Unidos. Era uma fuga daqueles ciclos de fracasso, alimentada pela crença de que o problema não era eu, mas o contexto ao meu redor. E, para piorar, estava sendo esmagado por aquela pressão para tomar uma direção definitiva na vida, algo que todos os jovens conhecem bem.

Foi então que minha mãe me incentivou a buscar uma formação acadêmica.

— Se der errado lá fora, pelo menos você terá uma profissão aqui — ela me disse, e eu não tinha como discordar.

Assim, dividido entre a paixão por empresas e o amor pelo esporte, a exaustão pelos fracassos empresariais me levou a escolher a educação física. Então, aos 24 anos, eu estava abrindo as portas para o grande salto de autodescoberta e transformação em minha vida.

Um ano depois, aquela velha inquietação começou a borbulhar dentro de mim. Apesar de estar trilhando um novo caminho, a sede de criar e empreender ainda pulsava forte. Foi nesse período que percebi uma oportunidade única na minha área: a chance de revolucionar a maneira como as pessoas se relacionam com o exercício físico.

Desde criança, a dança sempre fora minha válvula de escape, minha forma de expressão. Fiquei muito feliz com a oportunidade de lecionar aulas de dança em uma academia, mesmo não demorando muito para que um conflito interno surgisse.

Como posso fazer mais? Como posso alcançar mais pessoas? Como posso... unir a dança ao empreendedorismo?... Essa pergunta me atormentava, mas também me guiava em direção à inovação. Comecei a experimentar, mesclando elementos da dança com treinamentos físicos, buscando uma harmonia que unisse música, movimento e bem-estar.

Foi assim que nasceu o Ritbox, uma metodologia que integra treino físico ao ritmo da música, algo inédito que prometia transformar a experiência de treinamento. Apresentei a novidade às minhas turmas com grande entusiasmo, mas a recepção inicial foi tudo menos o que eu esperava. A resistência e o desinteresse foram uma ducha de água fria em minha confiança. Houve momentos em que pensei em desistir, só que algo dentro de mim se recusava a ceder. Persisti, refinando e aprimorando o método, convencido de que tinha tudo para ser um sucesso gigantesco.

A perseverança deu certo.

Após meses de ajustes e insistência, o Ritbox começou a ganhar adeptos, transformando-se de uma ideia inicialmente rejeitada em um movimento que revolucionaria a forma como as pessoas encaram o fitness. O sucesso do Ritbox ultrapassou todas as minhas expectativas, catapultou a minha carreira e impactou a vida de milhares de pessoas. Nos últimos quatro anos, a metodologia gerou mais de 20 milhões de reais em faturamento e criou uma comunidade de profissionais de educação física e entusiastas do fitness, muitos dos quais hoje aplicam o método e faturam dezenas de milhares de reais por mês, algo impensável para eles antes.

Através da combinação de música e movimento, criamos uma nova maneira de viver o fitness, uma que encoraja a conexão, a alegria e a transformação pessoal... mas mesmo com tudo isso e com o tão sonhado sucesso financeiro, cerca de dois anos atrás, em 2022, passei por um dos momentos mais sombrios da minha vida.

Apesar de todo o dinheiro e realizações, o custo veio na forma de um *burnout* terrível. A exaustão mental e emocional era tanta que me fez questionar o significado da riqueza e... o valor da própria vida. O trabalho incessante, as longas horas dedicadas ao escritório e o peso constante da responsabilidade, levaram-me a um estado em que a ideia do suicídio parecia ser a única saída para todo aquele estresse e desespero.

Foi então que entendi: alcançar a riqueza sem paz é uma vitória vazia. A verdadeira riqueza está na capacidade de viver uma *Vida Rica por Completo*, na qual felicidade, saúde mental e emocional e bem-estar físico são tão valorizados quanto o sucesso financeiro.

Foi nesse momento de extrema vulnerabilidade que reconheci a necessidade de mudança. Inspirado pelas experiências vividas e pelas histórias de transformação que conheci, decidi entrar no mundo da terapia cognitiva comportamental e da psicologia clínica. Era um passo natural para mim, uma fusão da minha paixão pela educação física com o interesse pelo desenvolvimento pessoal.

Hoje, minha missão é inspirar as pessoas a se tornarem heróis de suas próprias vidas, a alcançarem seus primeiros milhões não como um marco financeiro, mas como um passo em direção a uma existência equilibrada e plena. E, para aqueles que já alcançaram sucesso material, meu objetivo é ajudá-los a encontrar a paz e o equilíbrio emocional que transformam uma "vida de rei" em uma Vida Rica Por Completo.

Essa evolução em minha carreira reflete aquela convicção que surgiu lá atrás, logo após minha primeira falência: para alcançar uma vida plena e rica, é essencial ter um método. Um método que vai além de um conjunto de passos a seguir e se torna uma filosofia de vida, uma forma de entender e enfrentar o mundo. No fitness, um método bem estruturado, como o Ritbox, transforma o corpo e a saúde. No empreendedorismo, leva à riqueza material. Na vida, é o caminho para a felicidade e a realização.

Seja buscando o corpo dos sonhos, melhorando a saúde mental ou alcançando a riqueza financeira, o segredo está em adotar uma estratégia sistemática e integrada. Sim, a riqueza, em todas as suas formas, é o resultado de um compromisso com um método que respeita a complexidade do ser humano e o poder da transformação consciente.

É esse método que irei apresentar nos próximos capítulos. Vamos juntos?

EMPREENDER SEM CONHECIMENTO E ESTRATÉGIA É UMA RECEITA PARA O FRACASSO.

CAPÍTULO 1

A VIDA POBRE

Antes de aprendermos a construir uma *Vida Rica Por Completo*, precisamos olhar para nós mesmos e entender o estado em que nos encontramos hoje. Na maior parte dos casos, esse processo fará com que vejamos naquilo que vamos chamar aqui de Vida Pobre.

A "Vida Pobre" é um ciclo vicioso alimentado pela escassez material e, mais profundamente, pela escassez de visão e ambição. Esse estado de existência é formado por uma série de armadilhas que mantêm as pessoas presas em um ciclo de estagnação e conformismo. Abordaremos cada uma delas, mas o primeiro e mais essencial passo é assumir a postura de **odiar a pobreza.**

Trate a pobreza exatamente como ela é: um estado de espírito limitante que impede o crescimento e a realização pessoal. Há algo mais odioso do que isso? O apego às origens geralmente é uma barreira psicológica que dificulta a mudança e a aspiração por uma vida melhor, mas odiar a pobreza não significa desrespeitar suas raízes. Significa recusar-se a aceitar a escassez e a limitação como condições permanentes!

Então, primeiramente, odeie a Vida Pobre, e em seguida passe a combater cada um dos elementos que conheceremos agora.

MEDIOCRIDADE

A mediocridade é uma mentalidade que se contenta com o mínimo, um conformismo que aceita a estabilidade como o ápice do sucesso. Isso gera um terreno fértil para a escassez, pois limita o indivíduo a viver uma existência mediana, sem aspirar ao crescimento ou à excelência.

A conformidade com a média é um conforto perigoso. Não podemos nos contentar em ser apenas "bom o suficiente". Esta é uma existência sem ambição, na qual a busca por segurança se sobrepõe ao desejo de transformação e crescimento.

A tentativa de ser um generalista, dividindo a energia entre muitas tarefas sem foco ou especialização, é uma armadilha da mediocridade. Isso leva a um desempenho mediano em muitas áreas, em vez de alcançar a excelência em uma. Essa dispersão de esforços resulta em um impacto diluído e na incapacidade de se destacar em qualquer área.

AUTOSSABOTAGEM

A autossabotagem é o ato de criar obstáculos que impedem o avanço pessoal, o que se manifesta de várias formas, incluindo procrastinação, perfeccionismo, medo do fracasso e, vejam só, medo do sucesso — sim, isso existe!

A procrastinação é deixar para depois o que pode ser feito agora. Esse adiamento constante impede a realização de metas e o avanço em direção a objetivos maiores. Da mesma forma, a busca incessante pela perfeição paralisa a ação, já que a busca por padrões irrealistas nos impede de concluir tarefas importantes.

Já o medo do fracasso é como uma sombra que segue cada passo, um sussurro constante que diz: "*E se eu falhar?*". Esse medo paralisa, impede a ação e alimenta a autossabotagem. Muitos não se atrevem a dar o primeiro passo em direção aos seus sonhos, pois o terror de errar, de não atender às expectativas — sejam deles próprios ou as impostas por outros — é avassalador. Mas lembre-se, o fracasso é o mestre mais rigoroso e, ao mesmo tempo, o mais generoso. Ele ensina, molda, fortalece. Não colocar expectativas no resultado é liberar-se das correntes do medo, é permitir-se experimentar, viver, crescer.

Paradoxalmente, o medo do sucesso aprisiona tanto quanto o medo do fracasso. Muitos temem as mudanças que o sucesso traz, o abandono inevitável de certos aspectos da Vida Pobre, mesmo que esta seja insatisfatória. Há um conforto na familiaridade da pobreza, na alegria simples, não complicada pelas expectativas e responsabilidades que o sucesso traz. Algumas pessoas se refugiam nas estatísticas que mostram uma correlação entre países ricos e maiores índices de depressão, por exemplo, Mas, individualmente falando, o sucesso realmente nos torna infelizes? Ou é o medo de alcançá-lo que nos mantém em um estado de insatisfação crônica, nos impedindo de descobrir a verdadeira felicidade que vem com a realização dos nossos sonhos?

Então, com todos esses autossabotadores agindo sobre nós, entramos na velha e conhecida zona de conforto: uma cela bem decorada, um espaço de falsa segurança que promete estabilidade mas entrega estagnação. É o medo disfarçado de prudência e a resistência à mudança que nos mantêm amarrados à mediocridade. A falsa estabilidade de um emprego seguro, de um salário decente (ou às vezes nem tão decente assim), nos cega para as possibilidades ilimitadas que a vida tem a oferecer. Não permita que a teoria cognitiva de acreditar que a zona de conforto é o pico da existência te impeça de escalar montanhas realmente majestosas.

Sim, abrir mão do conhecido, mesmo que insatisfatório, é assustador. No entanto, a mudança é o único caminho para o crescimento. Encarar essa resistência, desafiar os medos e abraçar o desconhecido é o que diferencia os sonhadores dos realizadores. Uma Vida Rica por Completo espera por aqueles corajosos o suficiente para deixar para trás o que é seguro mas insuficiente, e perseguir o que é de fato valioso.

E DE ONDE SURGEM ESSES AUTOSSABOTADORES?

A infância é quando grande parte das nossas batalhas internas têm início. Críticas constantes, comparações descabidas e a busca incessante por aprovação plantam sementes de dúvida, medo e insegurança que florescem em obstáculos na vida adulta.

A necessidade de que tudo seja perfeito, por exemplo, é um escudo contra a desaprovação que tanto recebemos enquanto crianças.

"*Você não faz nada direito!*" é o tipo de frase que ouvimos inúmeras vezes na infância e acaba ecoando através dos anos e se transformando em um medo paralisante de cometer erros.

Principalmente se você tem um irmão ou irmã, sabe bem como a comparação é um veneno que corrói a autoestima e alimenta a insatisfação. Crescer sendo constantemente comparado a outros, seja em habilidades, conquistas ou comportamentos, cultiva uma mentalidade de que nunca somos bons o suficiente, que sempre falta algo. Esse sentimento de inadequação, carregado da infância para a vida adulta, transforma cada oportunidade em uma arena de competição, não com os outros, mas com a imagem idealizada do que deveríamos ser.

Se na infância a mensagem recebida foi de que nada do que se faz é suficientemente bom, surge uma hesitação crônica em agir, um adiamento constante motivado pelo medo de falhar e, consequentemente, não ser aprovado. Por trás de todo esse medo, estão as vozes dos pais, professores e até mesmo da mídia, todas sussurrando um roteiro que você, sem perceber, segue à risca.

— Busque segurança! — dizem eles. — Busque um emprego estável e um salário fixo!

Esses conselhos, por mais que até sejam bem intencionados, não passam de correntes que nos prendem a um ciclo de mediocridade e conformismo.

O empreendedorismo, por outro lado, é pintado como o pior dos mundos, repleto de riscos que precisamos evitar a todo custo. Mas é claro! Empreender significa desafiar o *status quo* e questionar as certezas que nos foram dadas como herança. Ninguém que faz parte desse ciclo irá nos incentivar a sair dele.

Então, lhe proponho um desafio: **quebre o ciclo**. Mude a sua própria vida e reescreva a história da sua família. É hora de reconhecer que as correntes que nos prendem são feitas não de aço, mas de medos e expectativas passadas de geração para geração. E que, como tal, podem — e devem — ser rompidas.

A responsabilidade da mudança agora está em suas mãos. Com o conhecimento e as ferramentas fornecidas neste livro, você tem o poder de iniciar uma nova narrativa, uma na qual você, livre das amarras do passado, é o herói da sua própria história.

CULTURA

Na perpetuação da "Vida Pobre", a cultura engloba o ambiente, o país e a realidade socioeconômica na qual somos moldados desde o nascimento.

O Brasil e seu sistema educacional, que deveriam ser pilares de desenvolvimento e crescimento, falham terrivelmente em sua missão, focando mais em nos manter em caixinhas do que em nutrir mentes independentes. A (des)educação é uma das principais responsáveis por manter o ciclo vicioso de desinformação e conformismo, com teorias cognitivas sendo incutidas desde a mais tenra idade. Crianças pobres são ensinadas a ressentir a riqueza e a ver o dinheiro como algo inatingível ou sujo, e dessa forma são privadas da verdade que poderia libertá-las: a riqueza é uma possibilidade real, não um conto de fadas destinado apenas a alguns "sortudos".

Para romper com a "Vida Pobre", precisamos entender que a verdadeira riqueza começa com a liberdade de pensamento, a autonomia emocional e a coragem de questionar e rejeitar as limitações impostas por essa cultura de escassez e medo. Para isso, precisamos entrar em um ponto fundamental: a forma como somos percebidos pelo mundo ao redor e como essa percepção molda quem nos tornamos. É um ciclo alimentado por expectativas e julgamentos, no qual nos vemos refletidos como os outros acreditam que sejamos. Essa distorção entre ser e parecer cria o terreno perfeito para o autoengano e a limitação pessoal.

Nesse processo, os agentes de socialização — pais, professores, amigos — são os espelhos pelos quais enxergamos a nós mesmos e, dependendo da imagem refletida, nosso senso de identidade e valor fica muito afetado. Imagine crescer cercado por vozes que rotulam, que definem o que é possível e o que não é, baseado em suas próprias limitações e preconceitos. É como se fossemos esculturas sendo moldadas por mãos alheias, sem espaço para nossa própria expressão ou criatividade.

A educação se torna apenas mais uma ferramenta de doutrinação. Em vez de ser um espaço para a exploração e o questionamento, é um ambiente de conformidade, onde a curiosidade é substituída pela repetição e a inovação é sufocada por respostas padronizadas. O sistema, em sua estrutura atual, privilegia a memorização em detrimento do pensamento crítico, preparando os jovens para se encaixarem em moldes antiquados em vez de desafiar o mundo com novas ideias.

É claro que o resultado acaba sendo a pura mediocridade. Afinal, como se destacar em um mundo que desde cedo nos ensina a aceitar sem questionar, a seguir sem desviar?

Quando, ainda assim, um jovem consegue virar a chave mental e começa a vislumbrar o caminho do empreendedorismo, logo é bombardeado pelos alertas apocalípticos: carga tributária opressiva, burocracias infinitas e um ambiente de negócios tão hostil que grande parte das empresas não sobrevive aos seus primeiros anos! A verdadeira questão é: esses desafios tornam a jornada impossível ou apenas difícil?

Sim, empreender é difícil. No entanto, se formos honestos, que aspecto da vida que vale a pena viver não é? A facilidade é uma ilusão, pois o mais difícil de tudo é viver a rotina de uma vida que não satisfaz, de acordar cedo para dedicar as melhores horas do seu dia a construir o sonho de outra pessoa, de viver limitado por dívidas, de sentir o coração apertar ao negar pequenas alegrias a quem amamos por falta de dinheiro. Não, essa vida não é mais fácil; é apenas uma dificuldade de outra natureza, uma que corrói lentamente o espírito e mata a esperança.

Então, sim, empreender no Brasil é um desafio. Mas o que é a vida se não uma série de desafios a serem superados? O empreendedorismo é apenas mais um caminho, cheio de suas próprias pedras e espinhos, mas também de suas próprias recompensas e vistas deslumbrantes.

Além disso, o ato de empreender, com todos os seus riscos, fracassos e medos, é também um processo de aprendizado. Muitos desistem não porque falharam, mas porque não foram preparados para lidar com o fracasso e o medo. A educação tradicional também falha em ensinar como enfrentar esses momentos, pois sufoca a resiliência e a inovação.

Então, transformar uma realidade de escassez em uma de abundância começa com a percepção de que podemos ser mais do que nos disseram que somos. O primeiro passo é acreditar que é possível, e o segundo, agir nessa crença. Quando alguém se levanta e muda sua trajetória, ilumina o caminho para que outros sigam. Essa é a verdadeira essência do empreendedorismo: além de mudar a própria vida, inspirar mudanças na vida dos outros.

MÁ FORMAÇÃO DE CRENÇAS PELA FAMÍLIA

A formação de crenças e valores nas crianças pela família tem um impacto profundo na forma como crescem e se tornam adultos.

A advertência para não falar com estranhos, por exemplo, é uma tentativa de proteger as crianças de perigos potenciais, mas quando não é contextualizada ou adaptada à medida que a criança cresce, resulta em adultos que lutam com a comunicação e o estabelecimento de relações interpessoais. O desafio aqui é ensinar discernimento e cautela sem instilar medo ou incapacidade de se conectar com os outros.

Da mesma forma, a ideia de que o sucesso é sinônimo de estabilidade, conforto, e a obtenção de um "bom emprego" é uma noção arraigada em muitas famílias. Essa visão limita a capacidade de enxergar além do convencional e desencoraja a criatividade, a inovação e o empreendedorismo. A crença de que se deve vender a própria hora em troca de dinheiro, e que os fins de semana são os únicos períodos de descanso, perpetua a mentalidade de "escravo do trabalho", na qual a vida é vivida esperando o próximo intervalo de liberdade temporária.

Estou trazendo aqui a ideia de uma vida em que trabalho, descanso, lazer, treino, ganhos e gastos se intercalam diariamente. Trata-se de uma rotina — ou, se preferir, uma *anti-rotina* — que não é segmentada em blocos de "tempo de trabalho" versus "tempo de vida". Devemos viver uma experiência integrada e contínua, com satisfação pessoal e capacidade de viver plenamente todos os dias, não apenas sextas-feiras à noite e sábados — enquanto os domingos já são dominados por aquela melancolia que precede o início da semana.

Para alcançar esse estilo de vida, precisamos de uma reeducação sobre o valor do tempo, do dinheiro e da própria vida. Isso envolve questionar e romper com teorias cognitivas transmitidas pela família ou pela sociedade. Vamos, juntos, criar uma mentalidade de crescimento, abertura à mudança e disposição para criar o nosso próprio caminho!

MÁ EDUCAÇÃO

A educação, tal como é apresentada no Brasil, desde a metodologia de ensino até a abordagem prática, não prepara para a vida, prepara para a obediência e conformidade, elementos que definitivamente não constroem uma Vida Rica Por Completo.

Desde cedo, impomos limites descabidos às ações e pensamentos das crianças. "Não fale assim com os mais velhos", "Não questione o professor" — são frases que ecoam nas salas de aula e nos lares, ensinando que a submissão é uma virtude. Quando levamos essas lições para a vida adulta, elas nos custam caro. A incapacidade de questionar, de discordar respeitosamente e de pensar de maneira independente nos torna menos humanos, menos criativos e menos preparados para enfrentar os desafios da vida.

O ensino superior segue o mesmo rumo. Universidades deveriam ser espaços de debate, de troca de ideias, de fomento ao pensamento crítico. No entanto, o que se vê é um culto à autoridade do professor, que, em vez de estimular a curiosidade intelectual, a reprime.

— Independente de vocês aprenderem ou não, meu salário está garantido — essa mentalidade, infelizmente, ainda permeia o ambiente acadêmico, uma profunda desconexão entre a educação e seus verdadeiros objetivos.

Essas experiências educacionais moldam quem somos e influenciam diretamente na construção de uma vida pobre ou rica. Estamos treinando gerações para a mediocridade, para a vida pobre em todos os sentidos, quando deveríamos estar incentivando a busca por uma existência plena, rica em todas as suas dimensões.

É absurdo pensar que, até os 18 anos, se espera que os jovens simplesmente "passem o tempo" indo à escola sem um propósito claro, sem uma preparação para entrar e crescer no mercado de trabalho ou iniciar um empreendimento próprio. Em vez disso, somos preparados para uma vida de estudo sem direção, busca por empregos que odiamos e por uma falsa estabilidade que só nos permitirá "aproveitar a vida" durante os poucos anos após aposentadoria.

O questionamento e a crítica são fundamentais para o desenvolvimento de indivíduos capazes de pensar de forma autônoma, de buscar alternativas às convenções sociais e de construir uma existência rica em todos os aspectos. Em vez de seguir um caminho linear que culmina na aposentadoria como a única fase da vida onde se pode realmente desfrutar, devemos incentivar uma trajetória em que cada etapa é vivida plenamente, com aprendizados, desafios e satisfações distribuídos ao longo de todos os anos da nossa existência.

ENTÃO, LHE PROPONHO UM DESAFIO: QUEBRE O CICLO. MUDE A SUA PRÓPRIA VIDA E REESCREVA A HISTÓRIA DA SUA FAMÍLIA.

CAPÍTULO 2

AUTOCONHECIMENTO

O autoconhecimento é a espinha dorsal da Vida Rica Por Completo. Ele consiste em uma profunda jornada de descoberta em que somos desafiados a confrontar a nossa própria essência. Identificar seus pontos fortes e fracos, reconhecer suas virtudes e limitações, compreender as áreas que necessitam de desenvolvimento e aprimoramento, são tarefas que permitem que a pessoa entenda em que estágio se encontra e quais passos deve seguir para transcender suas limitações.

A metavisão, a capacidade de observar-se de fora, é um conceito fundamental nesse processo. Muitos vivem no piloto automático, permitindo que a vida os arraste sem direção. Falta-lhes a prática de questionar-se:

— O que estou fazendo contribui para a vida que desejo criar? Meus comportamentos me aproximam ou me afastam dos meus objetivos?

Sem essa reflexão, as pessoas acabam por se distanciar cada vez mais de alcançar uma Vida Rica Por Completo.

A falta de autoconhecimento leva inevitavelmente à externalização da responsabilidade. É mais fácil culpar os outros — pais, parceiros, filhos, chefes — do que assumir a responsabilidade por suas próprias escolhas e ações. Essa tendência de projetar a culpa externamente é um sinal claro de desconexão consigo mesmo.

— Eu recebo pouco, mas a culpa é do meu chefe que me paga mal! — Essa mentalidade vitimista é um obstáculo ao crescimento pessoal e profissional. A verdade é que a responsabilidade pela própria vida e pelo próprio sucesso é inteiramente nossa. Podemos escolher permanecer estagnados ou tomar as rédeas e buscar novas oportunidades, iniciar projetos, reinventar-nos.

Eu mesmo vivi anos sem realmente saber quem eu era. Eu era um reflexo das palavras do meu pai: irresponsável, fraco, sem comprometimento. Essas eram as lentes através das quais eu me enxergava, porque eu não me conhecia verdadeiramente. Então, comecei a mergulhar nos estudos, e foi aí que a minha percepção começou a mudar. Percebi que não era essa pessoa limitada que me diziam que eu era. Comecei a questionar tudo, principalmente ao observar as pessoas que alcançavam os resultados que eu não alcançava.

— Eles são tão mais inteligentes que eu assim? — eu me perguntava. Foi com esses questionamentos que a minha vida começou a tomar um novo rumo.

A Programação Neurolinguística (PNL) me ensinou algo valioso: nossos resultados são geralmente inferiores ao nosso verdadeiro potencial. Isso criava um conflito interno: por mais que eu estudasse e me esforçasse, havia sempre um abismo entre o conhecimento que acumulava e os resultados que obtinha. Cresci ouvindo que eu era um aluno abaixo da média, que era menos inteligente do que os outros. Isso moldou uma imagem depreciativa de mim mesmo, reforçada cada vez que comparava meus resultados aos dos meus colegas.

Essa constante comparação, ainda mais em momentos marcantes como ver um colega de 18 anos ganhar um carro enquanto eu mal tinha dinheiro para comprar um par de tênis, era devastadora. Esses momentos me faziam sentir insignificante, questionando meu valor e meu lugar no mundo. Mas foi essa dor, esse sentimento de inadequação, que me impulsionou a buscar mais profundamente o autoconhecimento. Aos poucos, comecei a entender que eu não era as limitações que me impuseram; eu tinha o potencial de ser muito mais. Esse reconhecimento não veio facilmente, mas marcou o início de uma transformação profunda em como eu me via e no que eu acreditava ser capaz de alcançar.

Um divisor de águas na minha vida foi a forma como comecei a encarar as comparações. Em vez de me diminuir diante dos sucessos alheios, adotei uma nova perspectiva:

— Se essa pessoa conseguiu, eu também posso!

Esse pensamento se tornou um mantra pessoal, a esperança em meio às dúvidas e inseguranças que me assombravam.

O desafio de superar a autodepreciação, especialmente para alguém com histórico depressivo, não é fácil. A tendência natural é se ver por lentes distorcidas de negatividade, acreditando ser "menos" em comparação aos outros. Essa visão de si mesmo geralmente tem raízes em experiências dolorosas de negligência ou abuso na infância. A falta de afeto, o abuso físico, emocional ou sexual, e a negligência afetiva deixam cicatrizes profundas e moldam uma autoimagem distorcida e negativa.

Minha trajetória é, mais uma vez, uma prova disso. Cresci em um lar onde o afeto era escasso, com uma mãe sobrecarregada pela responsabilidade de criar seis filhos sozinha, sem o apoio do meu pai em relação a mim.

— Seu pai está pouco se importando com você! — eram as palavras que ela dizia, reforçando a sensação de insignificância e abandono.

Foi somente quando tomei a iniciativa de expressar amor, dizendo "eu te amo" para minha família, que comecei a ouvir as mesmas palavras em retorno. Essa mudança trouxe um novo calor para nossas relações, mas não pode apagar completamente as marcas deixadas pela ausência de afeto nos meus primeiros anos de vida. A falta de contato com meu pai até os 12 anos, um período crítico no desenvolvimento infantil, deixou uma lacuna emocional que não se preencheria rapidamente.

Chegar à vida adulta carregando esses pesos me fez perceber que eu não conhecia minha própria força. Não sabia do que era capaz porque nunca me fora mostrado ou dito que eu podia ser mais. No entanto, ao começar a questionar essas teorias cognitivas e olhar para mim mesmo sob uma nova luz, iniciei o processo de reconstrução da minha autoestima e do meu autoconceito.

Aprendi que, apesar de tudo, eu sou capaz. Tenho valor. E essa percepção mudou tudo. Desvendar minha capacidade e potencial foi como encontrar um tesouro escondido sob as camadas de dor e dúvida. Agora, com essa nova compreensão, sigo construindo uma vida que reflete quem verdadeiramente sou e o que desejo ser.

Mas não podemos baixar a guarda. A batalha pela autoconfiança é contínua, um confronto eterno entre a percepção de quem somos e os resultados tangíveis que alcançamos. Com frequência, nos encontramos em um impasse: nossas aspirações estão em um certo nível, enquanto nossas conquistas parecem ancoradas em outro, muito mais baixo e distante do ideal que buscamos. A solução mais cômoda parece ser o rebaixamento das expectativas para se alinhar com os resultados obtidos. No entanto, o que nos trará a Vida Rica Por Completo é seguir lutando para elevar nossos resultados ao patamar de nossos sonhos e conhecimentos.

A ação se torna, então, o elemento principal nesse combate. O conhecimento, por si só, é insuficiente se permanecer estagnado, sem ser colocado em prática. É através da ação que transformamos potencial em realidade, que movemos nossas vidas em direção à mudança desejada. Sem ação, o conhecimento é como um tesouro não descoberto, incapaz de gerar valor ou impacto.

Cada pequeno sucesso e objetivo alcançado funciona como um reforço positivo, amplia nossa confiança e redefine nossa autoimagem. A percepção sobre nós mesmos se expande com cada resultado, motivando-nos a buscar ainda mais conhecimento, a nos engajar em novas ações e a aspirar por resultados ainda maiores.

Porém, se permanecermos inertes, sem ousar agir, ficamos presos em um ciclo de estagnação, no qual a ausência de resultados reforça uma visão limitada de nossas capacidades. É um ciclo vicioso: sem ação, não há resultados; sem resultados, nossa autoconfiança se esvai, e sem autoconfiança, hesitamos em agir.

Portanto, o segredo para romper esse ciclo e construir uma Vida Rica Por Completo está na coragem de agir. De dar o primeiro passo, mesmo diante da incerteza, e continuar caminhando, apesar dos obstáculos. Com cada ação, mesmo que pequena, desbravamos novos caminhos para o autoconhecimento e a autoconfiança. Cada resultado alcançado é um tijolo a mais na construção de uma identidade fortalecida e de uma vida em que somos capazes de alcançar nosso verdadeiro potencial.

Dito isso, como podemos iniciar esse processo tão valioso de autoconhecimento? A partir de agora, trarei uma dinâmica projetada para guiá-lo através de uma avaliação das suas capacidades individuais e sociais, revelando como você se percebe e como interage com o mundo ao seu redor. Ao refletir sobre diversas situações que ocorrem na vida cotidiana e avaliar a frequência com que manifesta certas atitudes e comportamentos, você irá identificar as suas forças e as suas fraquezas.

Seja honesto consigo mesmo nas respostas, escolhendo entre as opções: Nunca, Raramente, Às Vezes, Frequentemente, Sempre. Não há respostas certas ou erradas, apenas um caminho para uma maior autoconsciência e crescimento pessoal.

CAPACIDADES INDIVIDUAIS

Autoconsciência: A habilidade de entender profundamente a si mesmo, reconhecendo emoções, desejos e verdadeiras intenções com clareza.

1. **Quando estou chateado, consigo identificar exatamente o que está causando esse sentimento.**

   [ ] Nunca [] Raramente [ ] Às Vezes [ ] Frequentemente [ ] Sempre

2. **Reconheço quando minhas emoções influenciam minhas decisões.**

   [ ] Nunca [] Raramente [ ] Às Vezes [ ] Frequentemente [ ] Sempre

3. **Sou capaz de descrever meus pontos fortes e fracos com precisão.**

   [ ] Nunca [] Raramente [ ] Às Vezes [ ] Frequentemente [ ] Sempre

Autoavaliação: O ato de julgar-se objetivamente, identificando pontos fortes e áreas para desenvolvimento e pavimentando o caminho para o crescimento pessoal.

4. **Após concluir uma tarefa, reflito sobre o que poderia ter feito melhor.**

   [ ] Nunca [] Raramente [ ] Às Vezes [ ] Frequentemente [ ] Sempre

5. **Regularmente, estabeleço objetivos pessoais para melhorar aspectos específicos de mim mesmo.**

   [ ] Nunca [] Raramente [ ] Às Vezes [ ] Frequentemente [ ] Sempre

6. **Peço feedback aos outros sobre meu desempenho e considero suas opiniões seriamente.**

   [ ] Nunca [] Raramente [ ] Às Vezes [ ] Frequentemente [ ] Sempre

Autoconfiança: A firme crença em suas próprias habilidades, o que permite enfrentar desafios com coragem e determinação.

1. **Sinto-me capaz de enfrentar novos desafios sem medo excessivo do fracasso.**

   [ ] Nunca [] Raramente [ ] Às Vezes [ ] Frequentemente [ ] Sempre

2. **Confio na minha capacidade de aprender coisas novas rapidamente.**

   [ ] Nunca [] Raramente [ ] Às Vezes [ ] Frequentemente [ ] Sempre

3. **Defendo minhas opiniões mesmo quando estão contra a maioria.**

   [ ] Nunca [] Raramente [ ] Às Vezes [ ] Frequentemente [ ] Sempre

Autocontrole: A capacidade de dominar impulsos e reações, mantendo a serenidade diante das flutuações emocionais.

4. **Consigo manter a calma em situações de estresse.**

   [ ] Nunca [] Raramente [ ] Às Vezes [ ] Frequentemente [ ] Sempre

5. **Evito tomar decisões importantes quando estou emocionalmente perturbado.**

   [ ] Nunca [] Raramente [ ] Às Vezes [ ] Frequentemente [ ] Sempre

6. **Controlo meus impulsos de responder agressivamente em situações de conflito.**

   [ ] Nunca [] Raramente [ ] Às Vezes [ ] Frequentemente [ ] Sempre

Superação / Resiliência: A força de se reerguer mais forte após cada queda, transformando adversidades em degraus para o sucesso.

1. **Após uma experiência negativa, consigo me recuperar e seguir em frente rapidamente.**

   [ ] Nunca [] Raramente [ ] Às Vezes [ ] Frequentemente [ ] Sempre

2. **Vejo os fracassos como oportunidades de aprendizado, não como derrotas definitivas.**

   [ ] Nunca [] Raramente [ ] Às Vezes [ ] Frequentemente [ ] Sempre

3. **Mantenho uma atitude positiva, mesmo enfrentando grandes dificuldades.**

   [ ] Nunca [] Raramente [ ] Às Vezes [ ] Frequentemente [ ] Sempre

Iniciativa / Acabativa: O impulso de começar e a persistência para concluir, transformando projetos em realidades

4. **Começo novos projetos com entusiasmo e os levo até o fim.**

   [ ] Nunca [] Raramente [ ] Às Vezes [ ] Frequentemente [ ] Sempre

5. **Quando vejo algo que precisa ser feito, tomo a iniciativa de fazê-lo sem precisar ser pedido.**

   [ ] Nunca [] Raramente [ ] Às Vezes [ ] Frequentemente [ ] Sempre

6. **Não deixo tarefas incompletas ou procrastino.**

   [ ] Nunca [] Raramente [ ] Às Vezes [ ] Frequentemente [ ] Sempre

Responsabilidade consciente: O reconhecimento de que você é o principal arquiteto de sua vida, assumindo as rédeas de suas ações e consequências.

1. **Assumo total responsabilidade pelas minhas ações e seus resultados, sem culpar os outros.**

   [ ] Nunca [] Raramente [ ] Às Vezes [ ] Frequentemente [ ] Sempre

2. **Quando cometo erros, admito e busco formas de corrigi-los.**

   [ ] Nunca [] Raramente [ ] Às Vezes [ ] Frequentemente [ ] Sempre

3. **Entendo que sou o principal responsável pelo meu desenvolvimento pessoal e profissional.**

   [ ] Nunca [] Raramente [ ] Às Vezes [ ] Frequentemente [ ] Sempre

Adaptabilidade: A habilidade de fluir com as mudanças, ajustando-se com agilidade aos novos cenários e desafios.

4. **Adapto-me facilmente a novas situações e mudanças de planos.**

   [ ] Nunca [] Raramente [ ] Às Vezes [ ] Frequentemente [ ] Sempre

5. **Vejo mudanças imprevistas como oportunidades, não como obstáculos.**

   [ ] Nunca [] Raramente [ ] Às Vezes [ ] Frequentemente [ ] Sempre

6. **Sou flexível em meus métodos e considero diferentes abordagens para atingir meus objetivos.**

   [ ] Nunca [] Raramente [ ] Às Vezes [ ] Frequentemente [ ] Sempre

Otimismo: A visão de que, independentemente das circunstâncias, há sempre uma luz no fim do túnel e um motivo para perseverar.

1. **Mesmo em situações difíceis, procuro manter uma perspectiva positiva.**

   [ ] Nunca [] Raramente [ ] Às Vezes [ ] Frequentemente [ ] Sempre

2. **Acredito que as coisas vão melhorar, mesmo quando as atuais circunstâncias são muito difíceis.**

   [ ] Nunca [] Raramente [ ] Às Vezes [ ] Frequentemente [ ] Sempre

3. **Encorajo-me e aos outros a verem o lado bom das situações.**

   [ ] Nunca [] Raramente [ ] Às Vezes [ ] Frequentemente [ ] Sempre

CAPACIDADES SOCIAIS

Empatia: A capacidade de se colocar no lugar do outro, entendendo suas emoções e perspectivas.

1. **Consigo facilmente me colocar no lugar dos outros e entender seus sentimentos.**

   [ ] Nunca [] Raramente [ ] Às Vezes [ ] Frequentemente [ ] Sempre

2. **Quando alguém está chateado, geralmente entendo o motivo sem que me expliquem.**

   [ ] Nunca [] Raramente [ ] Às Vezes [ ] Frequentemente [ ] Sempre

3. **Sinto preocupação verdadeira pelo bem-estar dos outros.**

   [ ] Nunca [] Raramente [ ] Às Vezes [ ] Frequentemente [ ] Sempre

Cumprimento funcional (Papéis): A habilidade de desempenhar seus papéis sociais e profissionais com eficácia, contribuindo harmoniosamente para o todo.

4. **Cumpro com minhas responsabilidades em casa e no trabalho de maneira consistente.**

   [ ] Nunca [] Raramente [ ] Às Vezes [ ] Frequentemente [ ] Sempre

5. **Entendo meu papel em diferentes grupos e me esforço para atender às expectativas.**

   [ ] Nunca [] Raramente [ ] Às Vezes [ ] Frequentemente [ ] Sempre

6. **Sou confiável e as pessoas sabem que podem contar comigo para desempenhar minhas funções.**

   [ ] Nunca [] Raramente [ ] Às Vezes [ ] Frequentemente [ ] Sempre

Serviço (servir): A disposição verdadeira de ajudar, de oferecer suas habilidades e esforços pelo bem-estar comum.

1. **Busco oportunidades de ajudar os outros, mesmo que isso não me traga benefícios diretos.**

   [ ] Nunca [] Raramente [ ] Às Vezes [ ] Frequentemente [ ] Sempre

2. **Quando vejo alguém enfrentando dificuldades, ofereço minha ajuda espontaneamente.**

   [ ] Nunca [] Raramente [ ] Às Vezes [ ] Frequentemente [ ] Sempre

3. **Participo de atividades de voluntariado ou de serviço comunitário.**

   [ ] Nunca [] Raramente [ ] Às Vezes [ ] Frequentemente [ ] Sempre

Liderança: A arte de inspirar e guiar outros, moldando o futuro com visão e integridade.

1. **Naturalmente, as pessoas tendem a me procurar para orientação ou decisões em grupo.**

   [ ] Nunca [] Raramente [ ] Às Vezes [ ] Frequentemente [ ] Sempre

2. **Sinto-me confortável ao assumir a liderança em projetos ou grupos de trabalho.**

   [ ] Nunca [] Raramente [ ] Às Vezes [ ] Frequentemente [ ] Sempre

3. **Encorajo e apoio os membros da minha equipe.**

   [ ] Nunca [] Raramente [ ] Às Vezes [ ] Frequentemente [ ] Sempre

Influência: A capacidade de afetar positivamente as pessoas e situações ao redor, promovendo mudanças.

4. **Minhas opiniões e ideias geralmente convencem os outros em discussões ou decisões de grupo.**

   [ ] Nunca [] Raramente [ ] Às Vezes [ ] Frequentemente [ ] Sempre

5. **Sou capaz de motivar os outros a agir em direção a um objetivo comum.**

   [ ] Nunca [] Raramente [ ] Às Vezes [ ] Frequentemente [ ] Sempre

6. **As pessoas me procuram para obter conselhos ou insights sobre variados assuntos.**

   [ ] Nunca [] Raramente [ ] Às Vezes [ ] Frequentemente [ ] Sempre

Contribuir para o desenvolvimento de terceiros: O compromisso de elevar aqueles ao seu redor, compartilhando conhecimento e oportunidades para o crescimento conjunto.

1. **Regularmente, compartilho conhecimentos ou habilidades para ajudar os outros a crescer.**

   [ ] Nunca [] Raramente [ ] Às Vezes [ ] Frequentemente [ ] Sempre

2. **Sinto satisfação ao ver alguém melhorar ou ter sucesso com base no meu apoio ou orientação.**

   [ ] Nunca [] Raramente [ ] Às Vezes [ ] Frequentemente [ ] Sempre

3. **Estou sempre disposto a dedicar tempo para mentorar ou treinar alguém.**

   [ ] Nunca [] Raramente [ ] Às Vezes [ ] Frequentemente [ ] Sempre

Catalisação de mudanças: A habilidade de ser o estopim para transformações individuais e coletivas.

1. **Costumo identificar áreas para melhoria e proponho soluções inovadoras.**

[ ] Nunca [] Raramente [ ] Às Vezes [ ] Frequentemente [ ] Sempre

2. **Não tenho medo de desafiar o status quo se acredito que uma mudança é necessária.**

   [ ] Nunca [] Raramente [ ] Às Vezes [ ] Frequentemente [ ] Sempre

3. **Busco gerar mudanças positivas em minha comunidade, família ou local de trabalho.**

   [ ] Nunca [] Raramente [ ] Às Vezes [ ] Frequentemente [ ] Sempre

Gerenciamento de conflitos: A competência para entender e resolver desavenças, encontrando consenso em meio às diferenças.

1. **Sou eficaz em mediar disputas, ajudando as partes a chegar a um denominador comum.**

   [ ] Nunca [] Raramente [ ] Às Vezes [ ] Frequentemente [ ] Sempre

2. **Quando surgem conflitos, consigo manter a calma e buscar soluções construtivas.**

   [ ] Nunca [] Raramente [ ] Às Vezes [ ] Frequentemente [ ] Sempre

3. **Encorajo a comunicação aberta e honesta como meio de resolver desentendimentos.**

   [ ] Nunca [] Raramente [ ] Às Vezes [ ] Frequentemente [ ] Sempre

Trabalho em equipe: A capacidade de colaborar efetivamente e unir forças para alcançar objetivos comuns.

1. **Contribuo ativamente para o sucesso do grupo, valorizando as contribuições de cada membro.**

   [ ] Nunca [] Raramente [ ] Às Vezes [ ] Frequentemente [ ] Sempre

2. **Sou capaz de colaborar com os outros, mesmo quando temos diferenças de opinião.**

   [ ] Nunca [] Raramente [ ] Às Vezes [ ] Frequentemente [ ] Sempre

3. **Prefiro trabalhar em equipe do que sozinho.**

   [ ] Nunca [] Raramente [ ] Às Vezes [ ] Frequentemente [ ] Sempre

Transparência: A qualidade de ser aberto e honesto, construindo relações baseadas na confiança e na verdade.

1. **Sou honesto e aberto em minhas comunicações.**

   [ ] Nunca [] Raramente [ ] Às Vezes [ ] Frequentemente [ ] Sempre

2. **Compartilho informações relevantes com os outros para garantir que todos estejam bem informados.**

   [ ] Nunca [] Raramente [ ] Às Vezes [ ] Frequentemente [ ] Sempre

3. Admito meus erros e deixo claro minhas intenções e ações.

[ ] Nunca [] Raramente [ ] Às Vezes [ ] Frequentemente [ ] Sempre

Agora some os pontos referentes à cada resposta, sendo:

Nunca - 0

Raramente - 1

Às Vezes - 2

Frequentemente - 3

Sempre - 4

Quanto mais perto do 5, mais paradigmas e conceitos sobre sua autoimagem você terá de mudar. Quanto mais perto de 50, isso demonstra que já percorreu um grande caminho de evolução, mas sempre podemos aprimorar.

Vou deixar a seguir o QrCode de um vídeo em que falo exatamente "Como mudar a identidade para ter uma vida rica por completo".

LOOP DE REALIDADE

Nossa realidade é moldada pelas lentes através das quais escolhemos ver o mundo. Quando olhamos ao redor e vemos apenas escassez, inevitavelmente nos sintonizamos com essa frequência e nos tornamos reféns desse ciclo. Sim, o que nós vemos, nós criamos, e essa é a base para o que eu chamo de Loop de Realidade.

O que eu vejo influencia quem eu sou; quem eu sou determina o que faço; o que faço molda o que tenho; e o que tenho reflete e reforça o que vejo.

Esse ciclo é influenciado pelas forças externas, como os pais ou outras figuras de autoridade, mas também é alimentado pelas nossas próprias escolhas e interpretações. A forma como atribuímos significado aos eventos e circunstâncias importa muito! Tomemos, por exemplo, alguém que nasceu e cresceu em meio a uma família pobre. Ao olhar a sua condição desde nascença, é natural que surja a crença de que a pobreza é uma condição inescapável, um destino predeterminado. Assim, essa pessoa, sem perceber, adota uma mentalidade de escassez, perpetuando o ciclo de pobreza através de suas ações e expectativas.

E é aqui que entra o loop de realidade. Ao começarmos a enxergar o mundo sob uma nova luz, questionando as premissas que nos foram impostas, damos o primeiro passo rumo à transformação. Se mudarmos nossa percepção para ver a pobreza não como uma sentença perpétua, mas como uma circunstância que pode ser alterada, iniciamos um novo ciclo. Um ciclo em que a escassez dá lugar à abundância primeiro de possibilidades e, depois, de dinheiro, saúde, felicidade e tudo o que compõe a nossa Vida Rica Por Completo.

Diga para si mesmo:

— A realidade que eu vejo é a que crio! — isso nos encoraja a assumir a responsabilidade pelo o que consumimos e com quem convivemos e, como consequência, pelos nossos resultados.

Eu sei como é comum pensarmos que a Vida Rica está reservada apenas para os nascidos em berço de ouro. Até que, em algum momento, seja passeando pelas redes sociais, lendo algum livro ou revista ou até conhecendo alguém inspirador, vemos que a possibilidade da vida dos nossos sonhos não é um conto de fadas. É uma realidade ao alcance de quem ousa buscá-la.

Este é o ponto de inflexão, o momento em que largamos a conformidade e **vemos** um horizonte repleto de possibilidades. Observar a vida de quem chegou onde queremos chegar e decidir que essa realidade não é um território proibido é o primeiro passo para remodelar seu próprio loop de realidade.

Primeiro, você se permite acreditar que é possível. Ao internalizar que tal estilo de vida é alcançável, você abre as portas para um novo modo de ser. *Sim, eu também sou digno de tal abundância!*

A seguir, essa nova crença molda suas ações. Você passa a frequentar lugares que antes considerava inacessíveis e se envolver com experiências que elevam sua percepção de mundo. Então, como por magia, mas na verdade, por esforço e determinação, o que era desejo começa a se materializar. Você não fica mais apenas olhando. Você pega nas mãos e conquista.

Assim, o que você tem transforma o que vê. Sua realidade é agora indistinguível daquela que antes só observava de fora. Mas a verdadeira mudança, a metamorfose mais profunda, ocorre na maneira como você se percebe. Você deixa de ser um mero espectador da riqueza e se torna participante ativo na criação de sua própria versão de uma Vida Rica por Complto.

Portanto, se você se encontra cercado por uma realidade que não reflete seus desejos mais profundos, lembre-se: o poder de mudar está nas suas mãos.

Minha vida é uma prova do poder do "loop de realidade". Lembro-me daquela época, observando meus colegas de escola ostentando os tênis que eu tanto desejava, mas que estavam além do meu alcance. Foi a visão de empresários bem-sucedidos nas revistas, como o Rony da Reserva, que acendeu em mim a faísca inicial para reimaginar minha própria realidade. A inspiração não tardou a se transformar em ação. Comecei a trabalhar, a juntar algum dinheiro e, finalmente, abri minha própria empresa. Esse empreendimento expandiu meu mundo para novas possibilidades e conexões e, a partir daí, entre altos e baixos, mesmo falindo algumas vezes, eu já via o que queria conquistar e já acreditava no meu potencial. Era só uma questão de persistência, método e tempo.

Hoje, minha realidade é oposta à de minha juventude. Estou cercado por amigos milionários, absorvo o estilo de vida de bilionários e, com isso, continuo a moldar uma nova realidade para mim — meu próprio loop de realidade futura. O que vejo e como interpreto essas visões define quem eu sou e quem eu estou me tornando. É uma construção ativa e intencional da realidade que desejo viver!

Esse ciclo contínuo de observar, criar, ser, fazer e ter é, sem sombra de dúvida, o segredo por trás da vida de qualquer pessoa que tenha alcançado um nível de sucesso e satisfação que antes parecia impossível. A mensagem aqui é clara: a realidade que você vive hoje não precisa ser a realidade de amanhã. Você tem o poder de redefinir seu destino, de influenciar seu futuro através das escolhas que faz e das percepções que adota no presente.

Sem moderação, use o loop de realidade como um passo a passo para se tornar o mestre da sua própria vida!

QUANDO ALGUÉM SE LEVANTA E MUDA SUA TRAJETÓRIA, ILUMINA O CAMINHO PARA QUE OUTROS SIGAM. ESSA É A VERDADEIRA ESSÊNCIA DO EMPREENDEDORISMO: ALÉM DE MUDAR A PRÓPRIA VIDA, INSPIRAR MUDANÇAS NA VIDA DOS OUTROS.

CAPÍTULO 3

RESPONSABILIDADE CONSCIENTE

Sim, o ponto de partida nesta corrida desigual chamada vida não foi escolha sua. As circunstâncias do seu nascimento, a educação que recebeu na infância, as teorias cognitivas implantadas em você por pais, parentes e professores... Nada disso estava sob seu controle. E, claro, esses fatores influenciaram profundamente a trilha que você começou a percorrer.

No entanto, a partir do momento que adquire consciência da sua capacidade de mudança, o controle sobre a sua vida passa definitivamente para as suas mãos. Se, daqui para frente, a condição permanecer a mesma, a responsabilidade é inteiramente sua. A responsabilidade consciente, então, está na compreensão de que, apesar de não ter escolhido onde começar, você é absolutamente responsável por onde decide terminar.

Sim, hoje, neste exato momento, você detém o poder sobre a narrativa da sua vida. Não importa as limitações do seu passado, o que realmente conta é o que você escolhe fazer agora que tem consciência de suas amarras e, mais importante, do vasto oceano de informações disponíveis ao alcance de um clique. Vivemos na era da informação, em que o conhecimento sobre como transformar qualquer aspecto da sua existência está mais acessível do que nunca.

Antes de falarmos sobre o que chamo aqui de "Os Oito Mandamentos da Responsabilidade Consciente", vamos falar sobre a **terceirização da responsabilidade**. Esse é um esporte favorito de muitos, não é? Passar a bola, encontrar um culpado, desviar o foco de si mesmo — um eterno jogo de evasão e desculpas.

Quando a responsabilidade é terceirizada, deixamos de encarar os próprios erros. Passamos a dizer "não é minha culpa" para nós mesmos, uma dança ao redor do fogo sem nunca se queimar. Fugir do fracasso, das críticas alheias e, talvez o mais importante, da autocrítica cria uma bolha de ilusão em que o indivíduo se vê como uma vítima eterna das circunstâncias.

Mas há um ponto crítico que merece ser destacado com todas as letras: responsabilidade não é sinônimo de culpa. A culpa não dá frutos, pois se fixa no erro, revira-o e faz você se lamentar por ele sem nunca sair do lugar. Responsabilidade, por outro lado, é dinâmica, é o reconhecimento de que, sim, a situação atual pode ser o resultado de escolhas passadas, mas o futuro? O futuro é uma tela em branco esperando por novos — e melhores — traços e decisões.

E por que tantos fogem da responsabilidade como se fosse uma praga? Porque assumi-la é confrontar a realidade de que, em algum momento, falhamos, erramos, fomos menos do que poderíamos ser. Reconhecer a própria falha? Admitir a incompetência? Isso é um golpe forte demais no ego. É mais fácil e mais cômodo jogar a culpa para qualquer um que não seja o espelho.

Aqui está a importância da responsabilidade consciente: essa fuga incessante e esse jogo de culpas mantém o preso em um ciclo de mediocridade. A autoconsciência é a chave mestra que pode libertá-lo dessa prisão. Quando você começa a perceber que está apenas rodando em círculos e fugindo do próprio reflexo, aí sim, a mudança torna-se possível. Reconhecer que está fugindo e terceirizando a sua vida é o primeiro passo para reivindicá-la.

Sim, é verdade, muitas dessas evasões são automáticas, padrões de comportamento tão arraigados que mal percebemos que estamos fazendo. "Não fui eu, foi fulano", "Se não fosse por sicrano, tudo teria dado certo". Soa familiar? Esse script interno, em grande parte das vezes, não é algo consciente, e sim reflexo de comportamentos aprendidos e repetidos *ad nauseam*.

E de onde vem toda essa desresponsabilização? Da modelagem comportamental. Se você cresceu em um ambiente em que a responsabilidade era uma batata quente, sempre lançada para o próximo, não é surpresa que tenha aprendido a dançar conforme essa música. Pais, tios, amigos — as figuras que compõem o cenário da nossa formação nos ensinaram, voluntária ou involuntariamente, como fugir da responsabilidade.

Então, rompa esse ciclo. Se agora entende que tem replicado um padrão de sempre apontar para o outro e de nunca segurar a barra das próprias ações, está na hora de reescrever seu roteiro.

Será desconfortável? Sem dúvida. Mas o crescimento verdadeiro sempre vem do desconforto.

Por que é tão raro vermos um pai ou uma mãe admitindo falhas e se desculpando para os seus filhos? Isso molda a forma como as crianças encaram a responsabilidade, o erro, e, por fim, a vida.

Ao se posicionar como infalível, um pai se coloca em um pedestal de perfeição e joga uma carga insustentável sobre os ombros de seus filhos. A mensagem é clara: erros são inadmissíveis. E isso cria um solo perfeito para o desenvolvimento de indivíduos que temem o fracasso mais do que desejam o sucesso!

Por outro lado, reconhecer os próprios erros na frente dos filhos é um ato revolucionário de amor e ensino. É dizer:

— Veja, eu também erro, eu também sou humano. E está tudo bem!

Esse gesto ensina resiliência, empatia e autoaceitação. Demonstra que o caminho para a excelência é construído sobre erros, aprendizados e, sim, desculpas sinceras. Nada de falsa perfeição!

Queremos proteger a nossa autoestima a todo custo e acreditamos que transferir a culpa dos erros para os outros é uma forma de fazer isso. Sim, na nossa mente, somos os protagonistas imaculados e livres de falhas. "Eu? Errar? Jamais." Esse pensamento, por mais reconfortante que possa ser, é uma farsa que nos distancia da verdadeira essência do crescimento pessoal. É uma ilusão que nos coloca em uma bolha de autoengano, acreditando na nossa infalibilidade enquanto os nossos resultados contam uma história bem diferente.

Interessante é que, ao contrário do que muitos pensam, essa imagem de perfeição não nos torna mais atraentes ou admiráveis aos olhos dos outros. Pelo contrário, há um afastamento, uma barreira que se ergue entre nós e o mundo. As pessoas se sentem naturalmente mais atraídas pela coragem de se mostrar vulnerável, de admitir falhas e de estar aberto ao aprendizado. A perfeição, ou melhor, a ilusão dela, gera distância, não admiração. Pois é, ao tentar proteger nossa autoestima da dor do erro, enfraquecemos a única coisa que pode verdadeiramente fortalecê-la: a autenticidade.

Então, essa "positividade tóxica", essa incessante busca por manter uma imagem imaculada, além de ilusória, é contraproducente! Em vez de nos elevar aos olhos dos outros, nos isola e cria um abismo de desconexão. A verdadeira força está na capacidade de ser genuíno, de admitir nossas imperfeições e, com isso, permitir que os outros realmente se aproximem.

OS OITO MANDAMENTOS DA RESPONSABILIDADE CONSCIENTE

Adão e Eva, os primeiros seres humanos, foram também os primeiros a terceirizar as suas responsabilidades. Quando confrontado por Deus, Adão não hesitou em apontar o dedo para Eva:

— Não fui eu, foi a mulher que me deste.

E Eva, por sua vez, passou a responsabilidade para a serpente.

Aprofundando-se na narrativa com um olhar teológico, descobrimos que, no texto original em hebraico, Adão estava ao lado de Eva quando a serpente a tentou. Ou seja, mesmo sendo cúmplice, ele escolheu "tirar o seu da reta" e colocar toda a culpa em Eva. Isso mostra como, desde os primórdios, temos a tendência de evitar a responsabilidade, mesmo quando somos completamente conscientes das consequências das nossas ações.

Esse padrão comportamental, é claro, persiste até os dias de hoje. Diante do erro, a primeira reação é procurar um bode expiatório, uma maneira de desviar a atenção das nossas próprias falhas. A capacidade de dizer "eu errei" e "a responsabilidade é minha" é uma virtude rara, mas indispensável para o crescimento pessoal.

Então, já que entramos no tema religião, que tal falarmos sobre o que eu acho de "Os Oito Mandamentos da Responsabilidade Consciente", os princípios que regem esse que é um dos principais pré-requisitos para a construção da Vida Rica Por Completo? Vamos aprofundá-los um a um.

PRIMEIRO MANDAMENTO: "NÃO CRITIQUE, DÊ FEEDBACK"

É comum, tanto em nossos erros quanto nos alheios, cairmos na armadilha da crítica destrutiva. Nosso impulso inicial é apontar dedos e destacar falhas em um esforço para desviar a atenção dos nossos próprios equívocos. Mas aqui está um desafio: substituir a crítica pelo feedback construtivo.

Esse não é um convite ao silêncio ou à passividade diante dos erros, seja dos nossos ou dos outros. Pelo contrário, é uma exortação ao engajamento ativo e positivo. Ao optar por dar feedback em vez de criticar, adotamos uma postura de contribuição e aprendizado. Reconhecemos o erro, mas escolhemos ver além dele, buscando oportunidades para o crescimento.

Separar crítica de feedback é essencial, principalmente em ambientes de trabalho e empreendedorismo. O feedback, ao contrário da crítica, é direcionado, específico e orientado para a solução. Ele busca sugerir caminhos para o aperfeiçoamento.

Então, como dar feedback de forma eficaz? Use o método "elogio público, correção privada". Ao elogiar em público, reconhecemos e validamos os pontos fortes de uma pessoa, incentivando-a diante de todos. A correção, quando necessária, é feita em particular, respeitando a dignidade do indivíduo e focando na melhoria, não na vergonha.

SEGUNDO MANDAMENTO: "NÃO RECLAME, DÊ OPÇÕES."

Esse mandamento serve tanto para nossa interação com os outros quanto para o diálogo interno que mantemos conosco. É fácil cair na armadilha da reclamação, seja criticando o comportamento de um colega de trabalho ou lamentando nossos próprios erros. Mas imagine o impacto de transformar essa reclamação em oportunidade, oferecendo opções e alternativas para os outros e para nós mesmos.

Quando um funcionário comete um deslize, por exemplo, em vez de se ater à crítica, por que não orientá-lo sobre como melhorar na próxima vez?

— Você falhou aqui, mas que tal tentarmos desta forma?

E quando o erro é nosso, a tentação de nos autoflagelarmos é grande — e isso é um bom sinal, pois demonstra uma capacidade de assumir, ao menos para nós mesmos, os nossos equívocos. Mas em vez de se perder em um mar de autocrítica, por que não se perguntar:

— Ok, como posso fazer diferente na próxima vez? — oferecer-se opções é uma maneira poderosa de cultivar resiliência e adaptabilidade.

TERCEIRO MANDAMENTO:
"NÃO BUSQUE CULPADOS, BUSQUE SOLUÇÕES"

A caça aos culpados é um esporte antigo, mas nunca produtivo. O foco na culpa estagna, enquanto a busca por soluções nos empurra para a frente. Quando um problema surge, lamentar a situação ou apontar dedos não altera a realidade. O que faz diferença é a ação tomada para superar o desafio. Aprender com o que aconteceu e seguir em busca de soluções é o que diferencia os heróis das suas próprias histórias.

Além disso, no mundo empresarial e fora dele, valorizamos as pessoas pela capacidade de solucionar problemas, não de criá-los. O melhor funcionário não é aquele que simplesmente aponta para um incêndio, é aquele que traz um extintor ou liga para os bombeiros o mais rápido possível.

Então, cultive um mindset de "solucionador"!

QUARTO MANDAMENTO: "NÃO SE VITIMIZE, SEJA FORTE"

Esse mandamento é um chamado à ação, um grito de guerra contra a passividade e a transferência de culpa que nos paralisa. Eu mesmo, confesso, fui um mestre da autovitimização. Eu me vitimizava por viver na pobreza com minha mãe, enquanto meu pai, que vivia em condições mais favoráveis, era uma figura distante cuja ausência de apoio me frustrava muito. Eu o criticava e atribuía a ele parte da minha incapacidade de avançar, até que houve um despertar brutal: o entendimento de que a responsabilidade pela minha vida era exclusivamente minha. Culpar os pais, o ambiente em que fomos criados, ou qualquer outra circunstância externa é um exercício fútil. Claro, eles influenciam nossa vida, mas não determinam nosso destino.

Sim, assumir o papel de adulto requer uma força descomunal. É deixar de ser eternamente filho e dependente para se tornar um indivíduo autônomo e capaz de moldar sua trajetória. E não é uma questão de idade, pois a maturidade nem sempre a acompanha, mas de coragem de assumir o controle sobre nossas ações e suas consequências.

Não tenho dúvidas de que o nosso contexto inicial importa. Crescer em uma comunidade carente nos traz obstáculos que muitos não podem sequer imaginar. No entanto, permitir que essas dificuldades definam quem somos e o que podemos alcançar é uma escolha — e não uma obrigação.

Entenda que as pessoas que nos criaram cumpriram seu papel ao nos trazer ao mundo e nos sustentar até certo ponto. Mas a partir daí, a responsabilidade é toda nossa. A vida que desejamos construir, os sonhos que almejamos realizar, dependem exclusivamente de nossa capacidade de assumir o controle, de deixar de lado a vitimização e agir com determinação e força.

Então, não se vitimize, seja forte. Encare a vida de frente, com a cabeça erguida e o coração resiliente. Assuma a responsabilidade por cada passo, decisão, falha e sucesso. Só então você será verdadeiramente livre para moldar a Vida Rica Por Completo que tanto deseja.

QUINTO MANDAMENTO: “NÃO JUSTIFIQUE, APRENDA COM OS ERROS.”

Reavalie sua relação com os erros e as justificativas que os acompanham. Sim, a justificativa é o refúgio confortável onde muitos de nós buscamos abrigo quando as coisas não saem como planejadas.

— Ah, isso só aconteceu porque... — quantas vezes não nos pegamos nessa narrativa, tentando desviar a atenção do verdadeiro problema, do erro em si?

Mas aqui vai um segredo: o erro é um mestre implacável, porém generoso. A repulsa que sentimos em relação ao erro é, na verdade, uma aversão ao crescimento doloroso que ele propicia. Deixe-me compartilhar mais uma experiência pessoal.

Em um momento de muito otimismo, levei a sede da minha empresa para o metro quadrado mais caro de Brasília. Movido pela ilusão de que o crescimento exponencial justificava tal investimento, fui com tudo! O resultado? Um custo mensal astronômico que afetou a saúde financeira da empresa e impactou negativamente a vida da minha equipe e a minha própria. Distanciamento de amigos, uma equipe exausta pelo longo deslocamento diário... a lista de consequências negativas era enorme!

O erro estava feito, e as justificativas prontas: “Era o próximo passo lógico”, “Queríamos impressionar clientes e parceiros”. No entanto, a verdadeira lição veio quando parei de justificar e comecei a aprender.

Aprendi sobre a importância da proximidade, do bem-estar da equipe e da vida equilibrada entre trabalho e lazer. Foi um erro custoso, mas as lições extraídas foram inestimáveis. Retornamos às nossas raízes, mais sábios e mais conectados do que nunca.

Então, quando confrontado com erros — e você será, pois fazem parte da vida — resista à tentação de justificar. Em vez disso, pergunte-se:

— O que posso aprender com isso?

SEXTO MANDAMENTO: "NÃO ROMANTIZE, LEVE SUA VIDA A SÉRIO."

Esse conselho é como um balde de água fria, mas cada vez mais necessário em um mundo em que a tendência é mascarar problemas com um verniz de falso otimismo. Rir de nossas dificuldades financeiras, dos nossos problemas de saúde ou de qualquer outro aspecto da vida é um mecanismo de defesa, uma maneira de desviar do peso da realidade, mas vamos ser claros: essa atitude é uma estrada pavimentada para a estagnação.

Romantizar problemas é como colocar óculos cor-de-rosa para observar um incêndio: pode até parecer interessante no começo, mas a casa continua queimando. Estar acima do peso e brincar com isso, estar endividado e fazer piada da situação... Sim, manter o bom humor é importante, mas quando ele serve de cortina de fumaça para problemas sér[illegible]ocê se engana. E o preço dessa enganação é a perpetuação do problema.

Romantizar um problema é, em essência, uma forma de fuga. É escolher não encarar a realidade de frente, é decidir viver em um mundo de fantasia onde tudo é passageiro e, no final, "tudo vai dar certo". Mas a realidade é que nada muda se você não mudar.

A mudança é desconfortável, sim. Requer esforço, dedicação e renúncias. Mas o desconforto da mudança é temporário, o arrependimento de não ter feito nada quando tinha a chance é permanente. Encarar os problemas de frente, sem romantizá-los e sem fazer deles piadas é o primeiro passo para uma vida de verdadeira responsabilidade e crescimento.

Então, pare de sorrir para seus problemas como se fossem velhos amigos e comece a tratá-los como os obstáculos que, uma vez superados, te levarão a um lugar melhor. A vida é séria demais para ser levada na brincadeira, principalmente quando se trata de superar aquilo que nos impede de alcançar a Vida Rica Por Completo.

SÉTIMO MANDAMENTO: "NÃO JULGUE AS PESSOAS, JULGUE AS ATITUDES."

Esse mandamento pede para distinguirmos entre ser e fazer, entre a identidade de uma pessoa e as ações que ela executa. Sim, é uma distinção sutil, mas importantíssima para tudo o que estamos construindo aqui. Nós temos a tendência de rapidamente etiquetar alguém baseado em uma única ação ou comportamento, mas há uma grande diferença entre dizer "Você é falso" e "Você teve uma atitude falsa". Percebe? Um condena a pessoa. O outro, a ação.

Quando adjetivamos alguém, estamos, de certa forma, petrificando essa pessoa em um único momento, um único ato. Mas isso é justo? Uma atitude pode realmente definir toda a complexidade de um ser humano? Claro que não. As pessoas evoluem, mudam e aprendem com seus erros. Uma atitude errada não faz de alguém uma pessoa errada.

Esse princípio aplica-se tanto no julgamento dos outros quanto no autojulgamento. Quantas vezes não nos flagramos afirmando "Eu sou isso, eu sou aquilo", baseando nossa autoimagem em atitudes pontuais? Esse tipo de pensamento é uma armadilha, um ciclo vicioso que nos prende a uma identidade que não reflete quem realmente somos ou queremos ser.

Agora, ao focar nas atitudes em vez de estigmatizar a pessoa, abrimos a porta para a mudança e o crescimento. Uma atitude pode ser alterada, um comportamento pode ser ajustado. Se eu reconheço que tive uma atitude de falsidade, isso não me torna uma "pessoa falsa".

Significa apenas que, naquele momento, meu comportamento não refletiu os meus valores ou quem eu aspiro ser.

Então, quando se deparar com uma atitude negativa, seja sua ou de alguém, lembre-se de separar o pecado do pecador.

OITAVO MANDAMENTO: "NÃO CUIDE DA VIDA ALHEIA, CUIDE DA SUA VIDA."

Quantas vezes nos pegamos navegando nas redes sociais, acompanhando fofocas ou criticando a vida de terceiros, como se fôssemos juízes de uma competição que nem sequer nos inscrevemos? Essa obsessão pela vida alheia não passa de uma distração, mais uma uma cortina de fumaça que nos impede de olhar para nossa própria existência.

Em vez de encarar nossas dívidas, nosso descontentamento com o corpo, a exaustão ou a insatisfação no trabalho, escolhemos desviar o foco. Imersos na vida de outros, encontramos um alívio temporário para a insatisfação crônica que sentimos. No final das contas, essa é mais uma fuga, uma evasão da realidade que nada faz além de manter nossa vida em um estado de paralisia.

E então, surge a comparação — esse ladrão de alegrias. Comparamos os holofotes sob os quais os outros se encontram com os bastidores da nossa vida, sem nos dar ao trabalho de investigar as lutas e sacrifícios que eles enfrentaram para chegar onde estão. É fácil invejar a grama verde do vizinho sem reconhecer o esforço investido para mantê-la assim.

Então, quanto da sua energia está sendo desperdiçada observando os outros? Imagine se essa energia fosse redirecionada para sua própria história, para conquistar seus objetivos, superar seus desafios e construir o que você deseja. A mudança começa com a decisão de desviar o olhar das vidas alheias e focar no que realmente importa: você.

—-

Para que você finalize este capítulo mais motivado do que nunca, nada como compartilhar o momento em que entendi o verdadeiro poder da responsabilidade consciente.

Em 2019, recebi uma proposta para vender O Ritbox para uma rede de academias. À primeira vista, parecia uma oportunidade de ouro. A oferta inicial? R$100.000 por 40% da empresa. Números que me fariam cair da cadeira alguns anos antes, mas recusei. Tinha certeza de que valíamos muito mais! Eles tentaram negociar, diminuir a porcentagem, aumentar o valor, mas nada fechava. A negociação se arrastou, promessas foram feitas, encontros em restaurantes chiques aconteceram e cada palavra deles pintava um futuro brilhante para o Ritbox.

Então, o silêncio. E junto com ele, a estagnação. Eu, iludido, decidi esperar por eles antes de dar qualquer novo passo. Fiquei parado, sentado em cima daquilo que eu já tinha construído, mas ainda estava longe dos meus maiores sonhos. Até que, após meses de enrolação, de sonhos pintados em cores vivas, veio o balde de água fria:

— Não vai dar certo. — foi a resposta mais anticlimática da minha vida até então.

Justo quando eu mais precisava, quando minha reserva financeira tinha minguado de R$30.000 para R$2.000, esperando por uma decisão que nunca viria. A indignação foi minha primeira reação. *Como foram capazes de fazer isso comigo? Quase me quebraram com suas promessas vazias!*

Foi aí que um clique aconteceu. Uma epifania. Eu estava à beira do abismo, mas em vez de me deixar cair, decidi construir uma ponte.

— Eu vou fazer isso dar certo!

Porque se havia alguém capaz de salvar o Ritbox, esse alguém era eu. Aquela situação, por pouco, não havia sido minha ruína, mas eu não permitiria que ninguém definisse meu destino. Já havia passado dessa fase.

Essa experiência me ensinou sobre o peso e o poder da responsabilidade consciente. Sim, eles me fizeram promessas. Sim, eles me deixaram na mão. Mas, no fim das contas, a responsabilidade pelo futuro do Ritbox era minha, e de mais ninguém. Culpar os outros seria fácil, confortável até. Mas não me levaria a lugar algum. O único caminho para o sucesso era assumir o controle total da situação, encarar os desafios de frente e trabalhar da forma mais inteligente possível.

Se eu tivesse me perdido na amargura e na frustração, focado apenas na injustiça daquela negociação falha, o Ritbox talvez não existisse mais. Em vez disso, escolhi aprender com aquela dura lição. Escolhi crescer, escolhi lutar. E é essa escolha que faz toda a diferença.

Com essa mentalidade, no dia 19 de novembro de 2019, uma data que ficará eternizada em minha memória, alcancei a marca de R$100.000 em vendas em apenas um dia. Foi a materialização de um objetivo que eu havia perseguido por dois anos, inspirado pela metodologia do Érico Rocha, o famoso "6 em 7".

Após todas as decepções, aquele dia serviu como a prova irrefutável de que, quando você assume total responsabilidade pela sua vida e pelo seu sucesso, não há limites para o que é possível alcançar.

Então, amigo leitor, lembre-se: a vida vai testá-lo, as pessoas vão decepcioná-lo, e os planos, bem, eles raramente saem como esperado. Mas é como reage a isso que define quem você é e o quão longe vai chegar. Não se perca na indignação ou na autopiedade. Pegue as rédeas, assuma a responsabilidade e vá atrás do que é seu. Porque no final, a única pessoa que pode realmente fazer sua vida dar certo é você.

SEM AÇÃO, O CONHECIMENTO É COMO UM TESOURO NÃO DESCOBERTO, INCAPAZ DE GERAR VALOR OU IMPACTO.

CAPÍTULO 4

OS 5 ARQUÉTIPOS FINANCEIROS

Os arquétipos são padrão de personalidade que eu, você e qualquer outra pessoa podemos nos enquadrar ao longo da vida. Agora, vamos conhecer os padrões que formam praticamente a totalidade da nossa sociedade quando o assunto é finanças e relacionamento com o dinheiro. E vamos fazer de forma diferente. Irei expor cada um deles através de alguns personagens cujas vidas, embora fictícias, trazem realidades vividas por inúmeras e inúmeras pessoas no Brasil e no mundo. Cada caso contado aqui é uma personificaçao das características, comportamentos, mentalidades e ambientes que caracterizam diferentes estágios de escassez e prosperidade financeira.

Vamos lá, conhecer cada um deles, entender em qual mais nos encaixamos e como chegar até o que queremos para nossas vidas? Vou personificá-los para facilitar a compreensão.

1. O ARQUÉTIPO DO ENDIVIDADO

CARACTERÍSTICAS

Ricardo sentia o peso de cada conta como uma corrente amarrada aos seus tornozelos. A renda que ganhava não era suficiente para quitar as altas dívidas acumuladas ao longo dos anos, um valor que crescia a cada dia, apesar dos seus esforços — mais para frente, falaremos sobre a diferença entre trabalhar *duro* e trabalhar *inteligente*. A cada mês, a dificuldade em pagar essas dívidas só aumentava, uma vez que os juros compostos são grandes aliados quando estão no seu time, mas quando estão do outro lado do campo, são ainda mais implacáveis.

O acesso ao crédito, uma vez abundante e fácil, agora lhe era negado. As portas se fechavam, uma a uma, pois seu nome estava sujo em todas as empresas de análise de crédito. O que antes era um facilitador de sonhos, o cartão de crédito, tornou-se uma dependência e uma fonte de ansiedade cada vez que ele aproximava aquele bendito pedaço de plástico para completar uma compra.

Os pagamentos atrasavam, e cada cobrança era acompanhada da vergonha de não estar cumprindo com suas obrigações. Ele não economizava um centavo e sua conta corrente não saía do vermelho há meses.

Ele se preocupava o tempo todo com dinheiro, tremendo diante da simples possibilidade de um imprevisto piorar ainda mais a sua situação. Ricardo sabia que suas decisões financeiras eram impulsivas, um ciclo de recompensa imediata que oferecia conforto temporário, mas consequências duradouras.

Seu conhecimento sobre finanças era limitado, uma lacuna na sua educação que agora cobrava seu preço. Ele reconhecia que tinha dificuldade em entender os termos e condições dos empréstimos que contraía, e raramente tinha certeza de quais seriam as melhores decisões a tomar.

E, claro, Ricardo não era o único a sofrer. Sua família também sentia as consequências das suas dívidas, e essas relações, antes tão vívidas e fontes de conforto, agora começavam a ser envenenadas pelo estresse financeiro. Não passavam mais um dia sequer sem brigas e gritaria.

PRINCIPAIS COMPORTAMENTOS

A primeira e mais destrutiva prática de Ricardo era usar crédito para pagar suas dívidas. Isso criava uma bola de neve e ele mal percebia que apenas postergava o inevitável, e pior: aumentava exponencialmente a montanha de juros que se acumulava contra ele.

Ricardo também optava pelo pagamento mínimo das suas faturas dos cartões de crédito, o que apenas prolongava o tempo de endividamento, pois os juros continuavam a capitalizar sobre o principal, enquanto o pagamento mínimo mal cobria o acúmulo de juros, nunca realmente diminuindo o montante devido.

As compras impulsivas eram outro comportamento que Ricardo lutava para controlar. Cada compra era um pequeno golpe de dopamina, uma fuga momentânea das preocupações diárias, mas esses momentos de prazer eram efêmeros e logo substituídos por uma sensação crescente de pânico quando ele via o saldo da dívida subir novamente.

Ao mesmo tempo, por mais paradoxal que pareça, ele evitava o conhecimento financeiro do qual tanto precisava. Por um lado, ele tinha um desejo desesperado de escapar das suas dívidas, mas, por outro, ignorava qualquer informação ou educação que pudesse ajudá--lo a entender e sair da sua situação. Era como se fechar os olhos para a realidade pudesse, de alguma forma, torná-la menos terrível.

MENTALIDADE: AS TEORIAS DISFUNCIONAIS DO ENDIVIDADO

A preocupação com dinheiro e dívidas fazia com que Ricardo ficasse o tempo todo ansioso. O ciclo interminável de cobranças e pagamentos era uma fonte inesgotável de estresse, que o mantinha acordado à noite, o coração batendo acelerado sem nenhum perigo iminente à vista — as ligações de cobrança pareciam mais ameaçadoras do que qualquer arma apontada para a sua cabeça.

Ele estava envolto em um pesado manto de impotência, acreditando ser impossível sair das dívidas. Cada conta que chegava o lembrava das suas falhas, e ele não sentia forças para reagir. Era como estar preso em um poço tão fundo que ele mal via a luz da saída acima de si.

A sua mentalidade negativa em relação ao dinheiro ia além de sua própria situação. Ele sentia raiva dos ricos (ou de quem ele pensava ser rico), uma aversão que brotava da inveja e da teoria cognitiva de que o sistema era injusto e ele era uma vítima perpétua das suas circunstâncias.

Ricardo também sentia muita culpa e vergonha por estar endividado, como se fosse um ser humano inferior Ele sentia que deveria ter feito escolhas diferentes, se lamentava pelo passado, mas não olhava para as escolhas que deveria fazer no presente e no futuro. Em vez disso, seguia pedindo dinheiro emprestado a amigos, familiares e agiotas, o que só aumentava o peso sobre os seus ombros.

No entanto, havia momentos em que um otimismo irracional surgia, a esperança infundada de que as coisas iriam melhorar por si só. Essa esperança era um mecanismo de defesa, uma maneira de enfrentar mais um dia sem mudar nada do que ele fazia.

Ricardo sabia, em algum nível, que precisava mudar seus hábitos financeiros, mas relutava em fazer as mudanças necessárias. Era mais fácil continuar com as velhas práticas, mesmo que o resultado fosse apenas mais dívida e desespero.

E no centro da sua mentalidade estava a busca por prazeres imediatos. Ricardo vivia no momento, suas necessidades e desejos imediatos superavam qualquer consideração de longo prazo. Essa busca por gratificação instantânea era uma tentativa de preencher um vazio emocional, mas apenas perpetuava o terrível ciclo em que vivia.

O PESO DO MUNDO - O AMBIENTE DO ENDIVIDADO

O lar de Ricardo vivia imerso em um ar pesado de preocupação. Havia discussões sobre finanças todos os dias e até as crianças estavam estressadas por causa de problemas que ainda eram jovens demais para entender.

Essa pressão se estendia para as restrições em seu estilo de vida. Ricardo via seus amigos e colegas planejando férias e viagens, enquanto ele tinha que cortar custos onde quer que fosse possível — por mais que nem sempre fizesse isso. Cada centavo economizado era um centavo que não aumentaria suas dívidas, mas essa economia também significava que ele raramente aproveitava a vida e, quando aproveitava, havia a fumaça da culpa e desespero nublando os seus sentidos.

O trabalho era uma faca de dois gumes. Por um lado, era a fonte de renda necessária; por outro, era uma fonte de exaustão. Ricardo trabalhava longas horas, sua semana era completamente preenchida pelas atividades e obrigações. Ele passou por vários empregos e teve que iniciar uma jornada dupla, trabalhando como motorista de aplicativo após o expediente.

E, como consequência, a sua vida social praticamente acabou. Ele recusava convites porque não tinha dinheiro nem mesmo para a cervejinha na sexta-feira à noite, muito menos para acompanhar seus amigos em viagens ou visitar seus familiares distantes. Ou seja, no momento em que ele mais precisava, estava se isolando das redes de apoio que poderiam oferecer consolo ou conselhos valiosos.

O LOOP DO ENDIVIDADO

Ricardo via a escassez em todos os lugares, afinal essa era a realidade que ele vivia todos os dias. Era uma lente através da qual a pobreza se perpetuava.

Como consequência, o que ele criava em sua mente era um mundo onde a vida era inerentemente difícil, um lugar onde os ricos tinham privilégios inalcançáveis para pessoas como ele. Essa mentalidade de limitação se autoalimentava, cimentando sua posição como eterno pobre endividado.

E essa era a identidade que ele assumia para si. *Eu sou limitado. Eu sou um sofredo*r, era o que dizia inconscientemente para si mesmo. Ricardo se via como uma vítima das circunstâncias, preso em uma narrativa em que era o protagonista trágico, incapaz de mudar o roteiro.

E, assim, se vendo como um ser humano inferior, as suas ações deixavam de ser para si mesmo e se tornavam meras reações aos desejos e necessidades dos outros. Ele trabalhava para pagar as dívidas, para cumprir com as expectativas sociais, para manter uma aparência de normalidade, e seguia gastando o que não podia em uma tentativa de escapar da realidade da sua situação.

Finalmente, os bens que Ricardo possuía eram de qualidade inferior, inclusive sua casa em um bairro perigoso e o seu carro que vivia mais na oficina do que na rua ou na garagem. Isso era o que ele via ao seu redor e, como entendemos no capítulo anterior, seguia alimentando o seu ciclo de pobreza.

2. O ARQUÉTIPO DO FALSO ESTÁVEL

CARACTERÍSTICAS

Marcela tinha um emprego que muitos considerariam seguro, mas que oferecia pouco em termos de crescimento ou satisfação. Ela passara muito tempo na mesma posição, confortável mas estagnada, presa a uma promessa de crescimento que nunca se materializava. Essa falta de progresso tinha acabado com a sua motivação e a tornou acomodada.

Acontece que a segurança financeira que Marcela sentia era apenas aparente. Sua renda era suficiente para cobrir as despesas diárias, mas não lhe concedia a liberdade financeira que ela desejava. Ela vivia no fio da navalha, um único imprevisto poderia desestabilizar tudo.

Ela também vivia com um medo constante da instabilidade. Seu trabalho não era para conquistar novos patamares, mas para evitar a perda do que já possuía. Esse medo a mantinha em um estado de cautela e inércia, impedindo-a de arriscar ou buscar novas oportunidades.

Marcela mostrava pouca iniciativa para o desenvolvimento pessoal ou profissional. O conforto da sua rotina e o medo do desconhecido a mantinham em uma zona de conforto que, por mais segura que pensasse ser, era completamente limitante. Ela resistia à mudança, agarrando-se à familiaridade da sua situação atual, mesmo que isso significasse abrir mão de possíveis melhorias em sua vida.

Sua resistência a novas oportunidades era reforçada pelas suas teorias cognitivas. Marcela acreditava que "o mediano está bom". Ela não se via como rica, mas também não se considerava pobre, e isso era "ok" o suficiente para que ela decidisse não se esforçar mais.

Toda essa falsa segurança caiu por terra quando a pandemia veio com tudo. A crise global testou os limites da sua suposta estabilidade e expôs a vulnerabilidade do seu tal equilíbrio financeiro. Marcela é um espelho para aqueles que até podem se sentir seguros, mas cuja segurança é construída sobre a areia, não sobre a rocha.

PRINCIPAIS COMPORTAMENTOS DO FALSO ESTÁVEL

O comodismo financeiro moldava completamente o seu dia a dia. Ela seguia rotinas e hábitos financeiros que poderiam até não prejudicá-la imediatamente, mas também não a impulsionavam para um futuro melhor.

Era uma barreira invisível contra a Vida Rica Por Completo.

Ela evitava riscos profissionais e o medo de perder superava o desejo de ganhar mais ou de se aventurar em novas etapas. Essa aversão ao risco a mantinha presa em um ciclo de inatividade e oportunidades perdidas.

Consequentemente, seu estilo de vida quase tão limitado quanto o do Endividado — mas não pela falta de recursos, e sim pela sua relutância em viver de maneira mais plena e gratificante. Ela não permitia a si mesma desfrutar dos frutos de seu trabalho, escolhendo permanecer naquela bolha de segurança autoimposta.

Mas, no fundo, ela tinha consciência do que estava perdendo, pois vivia pensando sobre "o que poderia ter sido" se tivesse se permitido aspirar mais alto e perseguir os seus sonhos de criança e adolescente.

Ela raramente se expunha a novas experiências, sempre preferindo a previsibilidade do conhecido. A vida de Marcela tornou-se uma série de dias repetidos, cada um levemente diferente do anterior.

Isso, é claro, limitava sua visão do mundo e das suas próprias capacidades, um ciclo sobre o qual falaremos adiante.

A MENTALIDADE DO FALSO ESTÁVEL

Marcela vivia satisfeita com a média, um acordo que ela fizera consigo mesma para evitar as dores do fracasso — mas também, por consequência, as alegrias do sucesso. Para ela, era uma posição confortável, mas no fundo ela sentia falta da satisfação das novas experiências e do crescimento.

Marcela tinha se enraizado tão profundamente em sua zona de conforto que o mero pensamento de mudança lhe causava ansiedade. Ela se apegava a rotinas e padrões, mesmo quando eles já não eram produtivos ou prazerosos.

Assim como o Endividado, o foco de Marcela estava sempre no presente, um olhar tão fixo no agora, sem nunca planejar para o futuro. Afinal, para que planejamento se o plano é viver para sempre a mesma vida?

Ela também nunca buscou aprender sobre educação financeira, já que não tem objetivos que só poderiam ser conquistados com uma condição melhor. Deseja trabalhar até se aposentar pelo INSS, sem nem ao menos saber como esse sistema funciona e será sustentável pelos próximos 30, 40 ou 50 anos.

Marcela desconfiava de si mesma. Ela duvidava da sua habilidade para enfrentar novos desafios, até porque seus pais nunca a instigaram na infância a tomar iniciativa e nunca confiaram a ela as tarefas da casa. Ela cresceu como se não soubesse fazer nada e, ao longo da vida adulta, se sentia incapaz de quebrar essa teoria cognitiva.

O AMBIENTE DO FALSO ESTÁVEL

Marcela trabalhava em um ambiente estável, em que o risco de demissão era baixo, mas as oportunidades e incentivos de crescimento eram tão baixos quanto. Era o reflexo da sua vida: seguro — até que algum imprevisto acontecesse —, mas sem ambição.

Sua casa era simples e confortável, sem luxos, um ninho que lhe proporcionava proteção do mundo exterior. A mobília raramente mudava, cada peça tinha seu lugar, e ali permanecia, assim como Marcela em sua vida.

O círculo social de Marcela era composto de amigos que tinham a mesma visão de estabilidade e segurança. Eles evitavam riscos e preferiam atividades rotineiras e previsíveis, frequentando os mesmos lugares e tratando viagens que poderiam desafiar suas percepções e expandir seus horizontes como "coisa de aventureiro deslumbrado". Ninguém estimulava ninguém a evoluir, todos se juntavam para reclamar da vida, mas ao menor vestígio de possibilidade de mudança, alguém dizia:

— Melhor um na mão do que dois voando!

O LOOP DO FALSO ESTÁVEL

"Eu vejo estabilidade", Marcela diria a si mesma, contemplando as coisas boas que tinha acumulado. Em seu mundo, tudo era limitado, uma visão estreita que obscurecia o verdadeiro leque de potencialidades da vida.

"Acredito que o mundo é limitado e eu sou rica", pensava Marcela, considerando-se afortunada pelo que tinha, mesmo sabendo, no fundo, que sua riqueza era mais uma aceitação do mediano do que uma verdadeira Vida Rica Por Completo.

"Eu sou falso estável", reconhecia em seus momentos mais sinceros consigo mesma. Marcela sentia-se oscilando entre o contentamento superficial e a inquietação que vinha com o reconhecimento de que sua estabilidade era frágil. Fisicamente, emocionalmente e profissionalmente, ela sentia que estava caminhando em um terreno instável, uma fachada de estabilidade que poderia desmoronar com qualquer imprevisto.

"Eu faço o básico", justificava Marcela, confortando-se com a ideia de que ela fazia um pouco mais do que a média, e por isso, tinha um pouco mais do que o básico. Era uma tentativa de validar sua existência na zona de conforto e reafirmar seu lugar acima da linha da pobreza, mas abaixo da prosperidade.

"Eu tenho um carro novo, uma casa mediana", ela listava suas posses, tentando quantificar seu sucesso e sua segurança em bens materiais. Para Marcela, esses itens significavam sua estabilidade, por mais que ainda faltassem 15 anos para quitar o seu financiamento imobiliário e ela só andasse de ônibus para economizar na gasolina.

3. O ARQUÉTIPO DO NAVEGADOR

CARACTERÍSTICAS DO NAVEGADOR

Daniel é o nosso exemplo de navegador. Ao contrário de Marcela, sua bússola interna sempre aponta para o crescimento. Ele está aberto a estratégias e métodos que podem acelerar seu caminho para o sucesso financeiro. Ele entende que a evolução constante é fundamental e está sempre procurando maneiras de expandir seus horizontes.

Daniel sabe a importância das metas. Para ele, estabelecer objetivos claros é o primeiro passo em qualquer trajetória que precise ou queira seguir. Ele traça seus planos com precisão e define metas de curto e longo prazo que são, sim, alcançáveis, mas que sempre o obrigam a melhorar mais e mais.

Sua natureza é proativa e empreendedora. Daniel não espera as oportunidades baterem à sua porta, ele as cria. Ele transforma ideias em ações e projetos em lucro.

Educado e informado, Daniel investe tempo e recursos em sua educação financeira. Ele lê livros, frequenta seminários e participa de cursos que ampliam seu conhecimento e habilidades, o que lhe permite tomar melhores decisões.

Dedicação é o alicerce das suas empreitadas. Ele se compromete completamente com seus planos e persiste, mesmo quando o caminho se torna difícil. Para Daniel, a dedicação (aliada à inteligência) é o que separa o desejo do resultado.

Daniel sempre está em busca de orientação e ajuda. Ele não tem receio ou vergonha de procurar mentores ou conselheiros financeiros, pois sabe que a sabedoria e experiência de outros podem iluminar sua trajetória e evitar armadilhas e erros que outros já cometeram.

E ele não busca apenas o acúmulo de riqueza. Pensa também na satisfação que vem com a realização de metas e a contribuição para algo maior que ele mesmo.

Daniel possui um certo controle financeiro. Ele monitora suas receitas e despesas, investe com sabedoria e mantém um orçamento de acordo com as suas prioridades e objetivos.

Por mais que, em alguns meses, a sua fatura do cartão de crédito seja maior do que ele se sente confortável em pagar ou às vezes se veja em uma situação de falso estável, Daniel está sempre buscando sair disso. Ele vê esses momentos como desafios temporários em seu caminho para a Vida Rica por Completo.

PRINCIPAIS COMPORTAMENTOS DO NAVEGADOR

A bordo da sua embarcação financeira, Daniel tem o olhar fixo no horizonte das suas metas. Ele sabe que cada escolha é um passo em direção ou afastando-se dos seus objetivos. Por isso, seu foco é inabalável, sempre alinhado com seu plano de longo prazo.

Com as cartas de navegação em mãos, Daniel não teme o mar aberto e é capaz de assumir riscos. No entanto, ele faz isso com precaução, sempre calculando com cuidado cada movimento para garantir que os riscos não sejam desproporcionais ao potencial de retorno.

Ele é um estudioso de finanças. Para Daniel, estudar é como mapear as correntes e ventos, o que lhe permite navegar com maior confiança e eficiência.

Daniel age. Ele não espera que as correntes favoráveis cheguem até ele, ele as busca. E, claro, quando elas calham de aparecer por acaso em seu caminho, ele as aproveita ao máximo.

A disciplina dita o ritmo do do remo de Daniel, mantendo-o no curso certo mesmo quando a tentação de desviar é forte — seja economizando, investindo ou simplesmente dizendo não a gastos supérfluos.

Autoconsciência e autoanálise são a bússola de Daniel. Elas o ajudam a permanecer autêntico em sua vida e a ajustar o curso quando necessário. Ele reflete o tempo todo sobre suas decisões e comportamentos, de modo que esteja sempre aprendendo e crescendo.

E, claro, a motivação de Daniel para o sucesso é o vento em suas velas. Ele tem mais do que um desejo passageiro de riqueza. Ele sente um impulso profundo para alcançar e ultrapassar seus próprios limites e alcançar o sucesso que ele definiu para si mesmo.

A MENTALIDADE DO NAVEGADOR

Daniel possui uma mentalidade de abundância. Ele acredita que há o suficiente para todos e que o crescimento pessoal e financeiro é uma possibilidade infinita. Essa crença alimenta todas as suas ações e é a base da sua atitude em relação à vida e ao dinheiro.

Daniel é resiliente. Ele entende que o mar financeiro nem sempre é calmo e que tempestades podem surgir, mas sua resiliência o mantém firme, capaz de se recuperar rapidamente dos contratempos, de aprender com cada experiência e evitar o naufrágio.

Perseverança é mais uma das suas virtudes como um navegador. Quando as ondas da incerteza se levantam, ele não se desvia do seu curso, pois sabe que a persistência é fundamental no caminho para o sucesso duradouro.

A autoconfiança de Daniel é construída sobre uma base sólida de sucessos e erros passados. Ele confia em sua capacidade de navegar, negociar e aproveitar oportunidades. Sua autoconfiança também se estende para além das finanças, influenciando todos os aspectos da sua vida.

O desejo por crescimento é o que impulsiona Daniel a sempre se esforçar por mais. Ele não está satisfeito com a estagnação. Ele deseja expandir, aprender e evoluir, tanto pessoal quanto financeiramente.

O AMBIENTE DO NAVEGADOR

Daniel navega em um ambiente de trabalho desafiador, um lugar que constantemente o empurra para fora de sua zona de conforto e o incentiva a se superar.

Ele escolheu um círculo social que também tem essa mentalidade de navegante. Amigos e colegas com visões semelhantes que oferecem, sim, companhia e diversão, mas também colaboração, competição saudável e oportunidades.

Uma boa parte dos eventos que frequenta são focados no aprendizado e crescimento. Conferências, workshops e seminários trazem novas ideias e estratégias para aplicar em sua viagem financeira, e quando o objetivo é lazer, busca sempre estar acompanhado e conhecer pessoas com a mesma mentalidade.

Daniel prospera em um ambiente competitivo e orientado para o resultado, onde resultados tangíveis são valorizados e recompensados. Essa atmosfera o mantém focado e motivado, sempre almejando os marcos de sucesso que definiu para si mesmo.

E, no centro do seu mundo, está o seu lar, um lugar onde ele descansa e se recarrega, mas também onde ajuda sua família a ver o que ele está vendo: um mundo de oportunidades e crescimento. Daniel está comprometido em mudar a realidade financeira também de quem ele ama.

O LOOP DO NAVEGADOR

"Eu vejo crescimento" é o lema que guia a visão de mundo de Daniel. Ele percebe a vida como uma série de oportunidades para expansão, e essa percepção é o que orienta todas as suas ações. Ele está sempre em busca de novos horizontes e olha para o futuro sempre com a expectativa de evolução.

"Eu crio oportunidades" é a frase que mostra a proatividade com a qual Daniel vive a vida. Ele entende que a oportunidade raramente bate à porta sem convite. Em vez disso, ele busca ativamente criar suas próprias chances de sucesso.

"Eu sou determinado e focado", Daniel afirma sobre si mesmo. Ele é a personificação da determinação, alguém com grande clareza de propósito, apesar das distrações e desafios.

"Eu faço ações direcionadas". Cada ação que ele toma é intencional e alinhada com suas metas de crescimento.

"Eu tenho progresso", Daniel constata, olhando para trás apenas para ver o quão longe ele chegou. Ele mede seu sucesso não pelo que ele compra materialmente, mas pelo progresso que faz em direção à realização dos seus objetivos.

Agora, deixamos o Navegador para trás e viramos nossa atenção para um novo arquétipo: o Milionário. Esse personagem representa um dos principais marcos do sucesso financeiro e um estilo de vida que muitos sonham em alcançar.

4. O ARQUÉTIPO DO MILIONÁRIO

CARACTERÍSTICAS DO MILIONÁRIO

Alexandre vive no reino onde poucos chegam, mas muitos sonham em entrar: o território do Milionário. Com uma alta renda e um patrimônio sólido, Alexandre goza dos frutos de investimentos sábios e de um portfólio de imóveis invejável.

Seu portfólio de investimentos é diversificado, com diferentes mercados e classes de ativos, o que lhe permite desfrutar de um lazer de alta qualidade. As suas viagens são experiências muito enriquecedoras que complementam o seu estilo de vida já normalmente confortável e luxuoso.

A filantropia e as doações são aspectos importantes da sua vida. Além do seu próprio benefício, Alexandre acumula riqueza também para causar um impacto positivo no mundo. Ele define as causas sociais com as quais se identifica, analisa quais instituições fazem o melhor trabalho em prol dessas causas e destina uma parte da sua renda anual a elas.

Ele tem uma rede de contatos influente que se estende por várias indústrias e esferas sociais, uma fonte natural de ainda mais oportunidades e crescimento.

A educação financeira avançada de Alexandre é a espinha dorsal da sua habilidade de acumular e preservar riqueza. Ele entende bastante de finanças e conta com um time dedicado a acompanhar cada passo dos seus investimentos. Sua prosperidade não é deixada ao acaso. Cada decisão é tomada com a segurança e a continuidade do seu estilo de vida em mente. Seus planos e estratégias são projetados para manter e expandir seu legado.

PRINCIPAIS COMPORTAMENTOS DO MILIONÁRIO

Investimentos estratégicos são a base da fortuna de Alexandre. Cada um deles é feito com clareza de propósito e um entendimento das tendências do mercado. Ele não busca ganhos rápidos, mas sim o crescimento estável e contínuo do seu patrimônio.

A gestão financeira é feita com cuidado. Alexandre está bem ciente de que uma riqueza duradoura é preservada através da atenção aos detalhes e uma compreensão aprofundada das suas finanças pessoais e empresariais.

E seu estilo de vida é, claro, confortável e luxuoso, mas não à base de gastos extravagantes e impulsivos. Ele busca aproveitar o que conquistou ao mesmo tempo em que mantém a prudência de quem sabe o quão imprevisível a vida pode ser — afinal, histórias de milionários que foram à falência não faltam em seu círculo social.

A MENTALIDADE DO MILIONÁRIO

A mentalidade de crescimento permeia todos os aspectos da vida de Alexandre. Ele está sempre buscando crescer, em patrimônio e como pessoa. Para ele, comprar novos bens é uma consequência natural do seu compromisso com o crescimento eterno.

Alexandre possui uma confiança inabalável em suas decisões. Essa autoconfiança foi forjada através de anos de experiência e sucessos, de modo que ele toma suas decisões com base nessa intuição quase infalível.

Sua visão de longo prazo é o telescópio através do qual ele enxerga o futuro. Ele planeja planos de sucesso e estratégias com muita antecedência, anos à frente, garantindo que as decisões de hoje sejam ainda benéficas amanhã.

E Alexandre leva a sério sua responsabilidade social e econômica. Ele sabe do impacto que sua riqueza pode ter no mundo e se esforça para que esse impacto seja positivo. Alexandre entende que com grande poder vem grande responsabilidade, e ele exerce essa responsabilidade com o máximo cuidado e consideração.

O AMBIENTE DO MILIONÁRIO

Alexandre mora em uma casa que é uma declaração de sucesso. Ele possui também outras residências de alto padrão que frequenta durante poucas semanas ao ano, mantendo-as quase sempre alugadas.

O círculo social de Alexandre é composto por indivíduos que têm uma influência e entendimento do mundo parecidos. Além de amizades, são parcerias estratégicas que servem tanto para o lazer quanto para oportunidades de negócios.

Seu ambiente de trabalho é de alto nível, onde a excelência é o mínimo esperado. Alexandre está cercado por profissionais que são líderes em suas respectivas áreas, e absolutamente ninguém ali se satisfaz com o mediano.

Em seus momentos de lazer, frequenta os melhores pontos turísticos do mundo, hotéis e restaurantes de maior qualidade, assim como experiências exclusivas, como eventos fechados e viagens privativas. Nesses locais ele descansa e se diverte, ao mesmo tempo em que absorve ainda mais inspiração para seguir prosperando.

O LOOP DO MILIONÁRIO

Riqueza é a imagem que se reflete nos olhos de Alexandre. Ele reconhece a abundância ao seu redor e o potencial de crescimento em cada oportunidade, mas essa visão vem junto com um medo que o mantém vigilante: o medo de perder o que conquistou. Ele sabe que nada garante que sua riqueza será permanente.

"Eu crio crescimento", ele afirma. Cada movimento que Alexandre faz é calculado para construir sobre o que ele já tem. Mas com o crescimento, vem uma certa insegurança, um receio de que cada nova conquista possa ser o começo de uma perda futura.

"Eu sou rico" e "mas começo a ficar pobre" são pensamentos que coexistem na mente de Alexandre. Em um momento, ele se sente no topo do mundo, confiante na progressão eterna da sua fortuna. No próximo, ele é tomado por um temor primitivo de que tudo vai ruir, uma cautela que o faz focar em proteger sua posição.

"Eu faço um equilíbrio entre ser agressivo nas minhas estratégias de expansão e cauteloso na minha gestão de riscos." Alexandre age consistentemente para aumentar seu patrimônio, mas sua agressividade é sempre balanceada por um planejamento cuidadoso e uma grande atenção aos detalhes.

"Eu tenho cada vez mais", ele reconhece com uma ponta de orgulho, mas também com uma cautela que nunca o deixa esquecer que os bons tempos podem não durar para sempre. A riqueza de Alexandre é enorme, mas a compreensão de que a fortuna é frágil permanece sempre no fundo da sua consciência.

Agora, vamos falar sobre o arquétipo financeiro mais abastado e influente de todos: o Super Rico, cujo patrimônio e influência são quase inatingíveis para a grande maioria.

5. O ARQUÉTIPO DO SUPER RICO

CARACTERÍSTICAS DO SUPER RICO

Eduardo pertence ao seleto grupo dos super ricos, uma camada da sociedade tão selecionada que até o termo "milionário" parece simples. Seu patrimônio está nos múltiplos milhões e, quem sabe, até bilhões. A magnitude da sua riqueza é tanta que ela tem sua própria força gravitacional, influenciando mercados e economias inteiras.

Sua influência vai muito além dos limites tradicionais de poder corporativo e financeiro. Eduardo tem a capacidade de moldar políticas e diálogos econômicos em escala global, cada movimentação das suas economias é sentida em várias indústrias e setores.

A rede de contatos de Eduardo é global e poderosa, abrangendo líderes de nações, titãs da indústria e visionários da cultura.

Por meio da filantropia, Eduardo busca causar um impacto social enorme com causas que promovem mudanças estruturais e soluções verdadeiras, não curativos temporários.

O acesso a recursos e serviços exclusivos é quase uma banalidade na vida de Eduardo. Ele vive em um mundo em que o "exclusivo" é a norma e o "inacessível" simplesmente não existe. A raridade e a singularidade não são nenhum pouco raras ou singulares no seu dia a dia.

Com muito capital disponível, Eduardo tem a disposição para inovar e investir em empreendimentos de alto risco. Ele está na vanguarda de novas tecnologias e tendências de mercado, pois deseja ser o catalisador e financiador das inovações que definirão o nosso futuro.

PRINCIPAIS COMPORTAMENTOS DO SUPER RICO

A gestão estratégica da fortuna de Eduardo é como comandar um gigantesco império financeiro, é uma obra-prima de precisão financeira. Cada movimento é parte de uma estratégia bem orquestrada, projetada para proteger, crescer e perpetuar sua riqueza através das próximas gerações.

Seus investimentos são diversificados e globais. Ele investe em indústrias que definem o futuro e em mercados emergentes que prometem expansão, sem esquecer os ativos tradicionais que oferecem estabilidade e segurança.

O estilo de vida de Eduardo é excepcionalmente luxuoso, uma vida que poucos podem sequer imaginar. Desde suas residências até seus meios de transporte, tudo é escolhido para unir conforto extremo, estética e uma experiência sem igual.

A MENTALIDADE DO SUPER RICO

A visão de longo prazo e a noção de legado estão no centro do pensamento de Eduardo. Para ele, as decisões tomadas hoje são as bases sobre as quais o amanhã é construído. Seu foco está sempre no futuro, projetando um legado que irá perdurar e beneficiar sua família, seus descendentes e a sociedade em geral.

A consciência do seu papel e responsabilidade social é algo que Eduardo leva muito a sério. Com seus recursos vem a responsabilidade de usá-los de maneira que beneficie o mundo ao seu redor. Isso se torna claro nas iniciativas que ele apoia e na forma como ele conduz seus negócios.

Com uma mentalidade de crescimento e inovação, Eduardo está sempre em busca de novas maneiras de expandir e melhorar. Ele não se satisfaz com o status quo. Em vez disso, procura o tempo todo inovações que possam levar a humanidade para a frente, tecnologias e ideias que têm o potencial de revolucionar indústrias e melhorar vidas.

Sua preocupação com a sustentabilidade e o impacto global vem do entendimento de que o verdadeiro sucesso é medido não apenas pelo que se acumula, mas pelo que se contribui. Eduardo está ciente de que as ações de hoje têm implicações duradouras, e ele se esforça para garantir que seu impacto seja positivo por muitas e muitas décadas à frente.

O AMBIENTE DO SUPER RICO

Eduardo vive cercado por mansões extraordinárias, com acesso a carros de luxo, jatinhos privados e iates.

A rede global de influência se estende por todos os continentes e com os mais variados setores da sociedade. Ele tem o contato da grande maioria dos grandes líderes e visionários, o que permite que ele se movimente com total fluidez entre diferentes esferas de poder.

Com quais dos desses arquétipos você mais se identificou? Qual deles deseja manifestar em você? O segredo aqui é não parecer, mas verdadeiramente SER o arquétipo que deseja, pois, se apenas se esforçar para manter uma aparência externa, não demorará muito para que essa máscara desmorone e sua verdadeira essência venha à tona.

Para ajudar, através do QrCode a seguir você poderá fazer um teste exclusivo para descobrir qual em qual arquétipo está vivendo neste momento.

https://hayka.com.br/arquetipos-financeiros-org/

Também deixarei via QrCode a indicação para uma gravação do Podcast Vida Rica muito elucidativo no qual explico sobre "*Como alcançar o seu próximo arquétipo financeiro*" e que será muito útil para você começar a agir agora mesmo em direção a ser aquilo que deseja manifestar em sua vida.

A REALIDADE QUE VOCÊ VIVE HOJE NÃO PRECISA SER A REALIDADE DE AMANHÃ.

CAPÍTULO 5

BARREIRAS EMOCIONAIS

O caminho rumo à Vida Rica por Completo é construído, além das ações que tomamos, com as percepções que nutrimos sobre nós mesmos. O espelho interior reflete uma versão distorcida, embaçada por críticas e zombarias do passado, impedindo-nos de ver a riqueza dos nossos verdadeiros talentos e potenciais.

Num mundo que amplifica falhas e deslizes, a autopercepção negativa se alimenta das críticas que recebemos o tempo todo. Desde a infância, palavras ásperas e desdenhosas destroem a nossa autoestima e crescemos acreditando que nossas habilidades não são nada comparadas às dos outros, e a competição desleal se torna o árbitro do nosso valor.

O bullying e as zombarias, tanto no pátio da escola quanto nas redes sociais, mancham a imagem que temos do nosso potencial. O reflexo que deveria nos mostrar capacidade e brilho, em vez disso, nos traz um sentimento de insuficiência e desesperança.

A comparação com os outros é outra ferramenta que o nosso crítico interior utiliza para nos manter em um estado de inferioridade.

No lugar de reconhecer nossas conquistas únicas, nos perdemos na contagem de vitórias alheias, esquecendo que cada ser é um universo próprio e incomparável.

Expectativas irrealistas, aquelas que nos foram impostas ou que adotamos inconscientemente, erguem-se como montanhas inescaláveis. E essa busca por um ideal inalcançável nos deixa exaustos e desanimados, alimentando o ciclo de autossabotagem.

Nas redes sociais, buscamos validação a cada story compartilhado, perdidos em meio àquelas vidas aparentemente perfeitas, mas pouquíssimo autênticas. Cada rolar do feed é um tijolo a mais na muralha que separa as pessoas do seu verdadeiro eu.

No entanto, cada uma dessas barreiras podem ser desmontadas, e o primeiro passo para isso é, claro, reconhecê-las. A busca pelo autoconhecimento e a prática da autoaceitação são as ferramentas que precisamos para começar a desfazer os nós dessas amarras emocionais. Ao fazer isso, acreditem, descobrimos que somos muito mais resilientes, criativos e competentes do que fomos levados a acreditar.

É na reconstrução de uma autoimagem saudável que encontramos a liberdade para prosperar. Ao substituir a crítica interna por autocompaixão, o bullying por autoafirmação, a comparação por celebração da individualidade, as expectativas irrealistas por objetivos tangíveis e a influência das redes sociais por conexões autênticas, começamos a finalmente progredir no nosso percurso rumo à Vida Rica por Completo.

Desde os primeiros anos de vida, o sentimento de inferioridade é plantado por aqueles ao nosso redor. Comparações inocentes, expectativas desproporcionais e até mesmo humilhações fazem nascer e crescer essa autodúvida que nos acompanha ao longo de toda a vida.

Na infância, essa árvore é apenas um broto, mas segue sendo regada com experiências humilhantes e expectativas irrealistas. À medida que crescemos, suas raízes se aprofundam e seus galhos, antes apenas incômodos, agora bloqueiam a luz do sol das nossas conquistas. A comparação constante com irmãos ou colegas, elogiados por seus êxitos, ofusca ainda mais a percepção dos nossos próprios valores.

Ao alcançar a vida adulta, esse sentimento de inferioridade se entrelaça com nosso ser, influenciando nossas açoes e reações. Evitamos situações que possam nos expor ao julgamento dos outros, temendo que confirmem nossas piores suspeitas sobre nós mesmos. Em um esforço para mascarar nossos sentimentos de inadequação, podemos nos tornar excessivamente competitivos ou buscar incessantemente por validação externa.

Essa postura se traduz em um muro defensivo ou agressivo, uma couraça para nossas inseguranças. Procrastinação e aversão às tarefas difíceis tornam-se nosso escudo contra o risco do fracasso. As decisões, grandes e pequenas, tornam-se labirintos onde nos perdemos, tentando evitar a responsabilidade de escolher o caminho certo.

As consequências desse labirinto interior são várias — cada uma delas pior do que a outra: depressão, a ansiedade e os problemas de relacionamento são algumas delas. E, claro, cada decisão postergada, oportunidade não abraçada e talento não reconhecido é uma diminuição do mundo, uma privação que impusemos a nós mesmos.

Precisamos aprender a questionar as vozes críticas, tanto internas quanto externas, e a validar nossas próprias experiências e sentimentos. Trata-se de construir um sentimento de autoeficácia, a crença em nossa capacidade de executar tarefas e alcançar metas, e para isso podemos tomar medidas como reconhecer pequenas vitórias e buscar terapia para resolver traumas passados.

É a partir disso que vamos ver e viver o mundo repleto de possibilidades e riquezas que esperam por nós.

RECONHECENDO E REPARANDO AS FALHAS DA AUTOESTIMA

A autoestima, que deveria ser uma fonte de força interior, não raro se torna um calabouço que nos prende em ciclos de autocrítica e dúvida. Mais uma vez, essa barreira emocional surge na infância, quando a desaprovação dos pais nos coloca em uma busca incessante por aprovação externa. O elogio passa a ser a cenoura na frente da carroça, sempre buscada, nunca alcançada. Isso nos faz desvalorizar nossa própria intuição e discernimento. Não acreditamos em nós mesmos. Duvidamos de tudo que passa pela nossa cabeça.

E, da mesma forma, a nossa integração social é muito abalada. Quando uma criança se sente como um "peixe fora d'água" e carrega esse isolamento consigo até a vida adulta, isso resulta em grandes dificuldades para formar e manter relacionamentos íntimos. Ficamos ansiosos e desconfortáveis em ambientes sociais, o que cria uma solidão autoimposta, um escudo que nos aprisiona e nos protege apenas falsamente, pois as feridas internas são aumentadas a cada dia mais.

E, ao falarmos de falhas e erros, todos os temos, mas a reação a eles muda dramaticamente com base na nossa autopercepção. Para aqueles que crescem sendo excessivamente punidos ou zombados por falhas, a vida adulta é de aversão ao risco e resistência a novas experiências. A mera possibilidade de fracasso nos faz tremer. Não toleramos a frustração, e muito menos a ideia de "passar vergonha".

No entanto, é possível reparar as rachaduras em nossa autoestima. O trabalho começa com o reconhecimento de que os padrões de pensamento negativos, uma vez úteis como mecanismos de defesa, não nos servem mais. A aprovação que buscamos dos outros deve começar a vir de dentro, uma vez que aprendemos a celebrar nossas conquistas e aceitar nossas imperfeições.

Através de práticas de autoconhecimento e autocompaixão, começamos a nutrir nossos espaços sociais, permitindo-nos ser vulneráveis e autênticos. Ao abraçarmos o risco, reconhecemos que cada falha é uma lição disfarçada, cada erro uma oportunidade de crescer. E é assim que podemos começar a desmontar a baixa autoestima, tijolo por tijolo, até que o que resta seja um jardim onde a autoconfiança floresça... junto com nossos dons e talentos — que sim, estão aí dentro de você.

QUEBRANDO AS CORRENTES DA MENTALIDADE DE ESCASSEZ

A mentalidade de escassez é uma prisão invisível que limita nossas percepções e possibilidades. Enraizada em profundas camadas de experiência e reforçada pelas teorias cognitivas, essa barreira emocional nos condiciona a ver o mundo através de uma lente de falta e limitação.

Essa barreira, como sempre, é estabelecida cedo, alimentada pelas velhas lições familiares que enfatizam a necessidade de economizar — não por prudência, mas por medo do amanhã. "Não há o suficiente para todos" é o que ouvimos e o que nos orienta a agarrar, guardar e nunca gastar, mesmo já estando em condições muito melhores.

Conforme crescemos, essa mentalidade se manifesta em várias formas: uma relutância em investir em nós mesmos, seja através de educação ou saúde; um medo profundo de mudanças e oportunidades, porque o risco da perda parece muito mais presente do que a promessa do ganho; e uma competitividade exagerada, nascida da crença de que para alguém ganhar, outro deve perder.

Com tudo isso, é impossível desenvolver experiências e relacionamento que valham a pena, pois negamos a nós mesmos o prazer de desfrutar dos frutos do nosso trabalho por temermos um futuro onde eles possam não existir. Como ser generoso, se cada ato de compartilhar é visto como uma perda pessoal?

A consequência são eternos conflitos e mal-entendidos em nossas relações. A escassez deixa suas marcas na confiança que depositamos nos outros e na liberdade com que abraçamos a vida. Até mesmo nossas tentativas de crescimento pessoal são sabotadas por uma voz interior que nos diz para nos mantermos onde estamos, pois o conhecido é sempre menos assustador do que o desconhecido.

No entanto, a mentalidade de escassez não precisa ser uma sentença perpétua. Podemos começar a desmantelar essas correntes ao praticar a gratidão, reconhecendo as abundâncias presentes em nossas vidas. Cultive a ideia de que o universo é, em sua essência, um lugar de abundância. Permita que a generosidade e a prosperidade flua para e através de nós.

Podemos também reavaliar nosso entendimento de risco e recompensa, entendendo que cada investimento em nós mesmos ou nos outros é um passo em direção a um futuro mais rico em todas as suas dimensões. Ao nos abrirmos para a possibilidade de abundância, chamamos novas oportunidades e experiências que enriquecem nossas vidas de maneiras que a mentalidade de escassez jamais poderia permitir!

A ILUSÃO DA PERMANÊNCIA E O MEDO DE PERDER

Construímos impérios na areia e chamamos isso de segurança, esquecendo que a vida é imprevisível e que nada é imune às mudanças. A mentalidade de escassez nos faz crer que a conservação é a chave para a perpetuidade, e que cada grão de areia em nossas mãos deve ser guardado como se fosse o último.

O ciclo começa com a teoria disfuncional de que tudo está em uma linha estreita entre ter e não ter. Nos é dito que o sucesso é um pico estreito e solitário, e que a queda é inevitável. Assim, lutamos para construir muros cada vez mais altos ao redor do que acreditamos possuir, não percebendo que, no processo, estamos construindo a nossa própria prisão.

Surge então o paradoxo: quanto mais protegemos, mais tememos perder. Nos tornamos aqueles que enterram suas riquezas e se esquecem de onde as esconderam ou, pior, esquecem de viver a vida que essas riquezas poderiam proporcionar. Presos em um ciclo de preservação eterna, deixamos de criar e expandir.

Ao tentar evitar o risco a todo custo, acabamos por pagar o preço mais alto: o da estagnação.

Na busca por uma segurança que na verdade é uma miragem, esquecemos que a única constante é a mudança, e que a adaptabilidade é um dos bens mais preciosos. As oportunidades que deixamos de abraçar, com medo da transformação que elas podem gerar em nossas zonas de conforto, poderiam ser as mesmas que nos levariam até a Vida Rica Por Completo.

Coloque em sua cabeça a partir de agora: a riqueza não é um jogo de soma zero, em que para um ganhar outro precisa necessariamente perder. É possível, sim, viver de uma forma que tanto nós quanto outros cresçamos. Para isso, devemos primeiro nos desapegar do medo de perder o que, na verdade, nunca conseguimos controlar.

Quando reconhecemos que a verdadeira riqueza vem da capacidade de fluir com a vida, de compartilhar e de reinventar continuamente, começamos a ver o potencial infinito que nos cerca. Ao invés de contar cada centavo com medo, podemos investir em experiências, relações e sonhos, que têm o verdadeiro poder de multiplicar a nossa satisfação — que é o que importa, no final das contas.

A NECESSIDADE DE VALIDAÇÃO

A necessidade de validação nos mantém presos ao julgamento alheio, muito distantes da verdadeira autonomia emocional. Como pássaros que esqueceram como voar, nos tornamos dependentes da aprovação do próximo, esquecendo que o autoconceito é suficiente para nos levar para onde queremos.

Crianças que percebem que o afeto dos pais está condicionado ao seu desempenho, começam a acreditar que devem estar o tempo todo em um palco, atuando para um público de figuras de autoridade que têm o poder de julgar se são realmente dignos de amor e atenção.

Quando crescemos, essa busca se transforma em um padrão de relacionamentos em que o amor é medido por curtidas, elogios ou um simples balançar afirmativo de cabeça. A conexão verdadeira é substituída por uma troca banal:

— Eu me comporto como você deseja, e em troca, você me valida.

Vivemos em uma sociedade que premia o "normal" e pune o "diferente", o que nos leva a moldar nossas ações e aparências de acordo com o que é socialmente aceitável. Acompanhando cada passo com a pergunta "O que os outros vão pensar?", nos afastamos cada vez mais de quem realmente somos.

Quando o assunto é encontrar um parceiro ou uma parceira para a vida, sentimos medo de ser abandonados, mais um fato que nos faz sacrificar a autenticidade em prol de uma falsa segurança. Sentimos que devemos disfarçar ou mesmo ocultar completamente aspectos de nós mesmo para manter a chama do amor acesa, e isso, claro, só cria dependência emocional e nos diminui enquanto indivíduos.

Mas como sair dessa armadilha?

Primeiramente, saiba que nossa própria autoavaliação é a base para a libertação. Ao nutrirmos uma fonte interna de autoaceitação, começamos a enfraquecer a necessidade de aprovação externa. Precisamos desenvolver o amor-próprio, reconhecer que somos dignos de amor e respeito, independentemente das opiniões alheias.

Cultive a coragem de ser verdadeiro consigo mesmo e de se apresentar ao mundo com autenticidade. Diga para si mesmo:

— Eu sou suficiente! — e acredite de fato nisso.

Eu sei, não é uma tarefa fácil, mas é um caminho que leva à liberdade emocional e ao empoderamento. Quando abrimos mão da necessidade de validação externa, abraçamos a plenitude da nossa existência, e é nessa plenitude que encontramos a paz e a capacidade de amar verdadeiramente — não por necessidade, mas por escolha.

AS MÁSCARAS DA VALIDAÇÃO

As máscaras de validação que usamos, que variam de acordo com o público, podem, talvez — e este é um grande talvez —, nos proteger da rejeição, mas com toda a certeza do mundo nos distanciam da essência de quem realmente somos.

Às vezes, a máscara é de perfeição, quando não deixamos nenhum defeito passar por entre as rachaduras e surgir ao público. Sob esta máscara, nos escondemos do medo de sermos vistos como imperfeitos, vivendo uma vida de eterna vigilância e exaustão.

Em outros momentos, usamos a máscara de força, aquela que nos faz acreditar que devemos estar sempre no controle e que a vulnerabilidade é uma fraqueza. Esse disfarce nos afasta da nossa humanidade, da capacidade de compartilhar nossas lutas e encontrar conforto no apoio daqueles que estão ao nosso lado.

A máscara da riqueza e do status é outra muito comum. Ela brilha sob as luzes da aprovação alheia, mas esconde uma verdade que muitos consideram terrível: a riqueza e o status são efêmeros, e para essas pessoas o seu desaparecimento leva junto a (falsa) sensação de autovalor.

Há também a máscara do cuidador, a pessoa que está sempre lá pelos outros, mas que se esquece de si mesma. Sob essa máscara, o autocuidado praticamente não existe.

E, não menos comum, é a máscara do comediante, aquele que alivia o peso do ambiente com sua alegria e humor, escondendo uma tristeza profunda em busca de compreensão.

É preciso coragem para enfrentar o que cada máscara esconde: o medo da perda, da solidão, da mediocridade ou do julgamento. Esses medos nos mantêm presos em uma performance sem fim, em que o aplauso dos outros é o único indicador do nosso valor.

A verdadeira libertação vem quando começamos a perceber que o valor intrínseco de cada um de nós existe independentemente das máscaras que escolhemos usar. Ao remover cada camada, nos deparamos com o eu, e vemos que a única aprovação que realmente conta é a que vem de dentro.

O QUÃO CAPAZ EU SOU?

A barreira emocional da capacidade distorce a visão que temos das nossas próprias habilidades e potencial. É uma névoa que se infiltra em nossas mentes, sussurrando incertezas, questionando nossos méritos e ofuscando as nossas vitórias com as dúvidas.

É uma resistência negativa constante que nos mantém em um ciclo perpétuo de autossabotagem. Com todo o seu pessimismo, essa voz interna nos impede de dar o passo decisivo rumo a novas experiências e desafios.

A comparação social é a segunda parte dessa barreira. Olhamos para o lado e vemos nossos companheiros avançando, enquanto permanecemos paralisados pelo medo de que nossas habilidades não sejam suficientes. Esquecemos que cada trajetória é única e que o sucesso dos outros não diminui o nosso próprio valor.

A capacidade intelectual fixa é outro obstáculo em nossas mentes, sugerindo que a inteligência e o talento não podem ser mudados e muito menos ampliados. Esse mito se desfaz quando abraçamos a mentalidade de crescimento, entendendo que a capacidade de aprender e se adaptar é a verdadeira medida de inteligência.

A quarta barreira, o medo paralisante de fracassar, assombra cada tentativa de avançar. O erro, visto como uma mancha na nossa identidade, nos impede de agir e nos mantém aprisionados em uma realidade em que a estagnação se disfarça de segurança.

E, finalmente, o temor do desconhecido nos mantém na zona de conforto, o familiar confundido com o seguro.

Acreditem: cada uma dessas barreiras pode ser ultrapassada. O antídoto para a resistência negativa é a afirmação positiva, a prática constante de alimentar a mente com histórias de sucesso e possibilidades. É um exercício diário de reprogramação mental, em que cada pensamento de dúvida é confrontado e substituído por um de confiança.

Para vencer a comparação social, volte a sua atenção para o interior, reconheça e celebre cada pequeno progresso pessoal.

Agora, abraçar uma capacidade intelectual expansível significa aceitar desafios como oportunidades de crescimento. Com cada esforço para aprender e melhorar, estendemos os limites do que achávamos ser possível e fortalecemos a crença em nossa capacidade de evoluir.

O fracasso deve ser reenquadrado como uma experiência de aprendizado, cada erro uma possibilidade para a reflexão e melhoria. Ao enfrentar o desconhecido com curiosidade, em vez de temor, cada passo incerto se torna um ato de coragem e uma oportunidade de transformação.

A BARREIRA DA AUTORIDADE: ENTRE O RESPEITO E A AUTONOMIA

A barreira emocional da autoridade surge quando o respeito por aqueles que detêm — ou achamos que detêm — o conhecimento ou poder nos impede de questionar, inovar e caminhar com as próprias pernas.

Refere-se a um conjunto de teorias, sentimentos e comportamentos que emergem da relação de uma pessoa com sua figura paterna, que aqui pode ser os nossos pais, tios, avós, professores, etc. Essa barreira é particularmente enfatizada quando a relação com o pai é problemática, ausente, ou caracterizada por expectativas não atendidas, decepções ou traumas.

Crescer sem a presença de um pai ou com um pai emocionalmente distante deixa a criança sem um modelo masculino e faz nascer desde cedo problemas de singularidade e autovalor. Uma criança cujo pai vive ausente devido ao trabalho cresce sentindo-se indesejada ou ignorada, assim como um pai com expectativas irrealistas pode pressionar excessivamente a criança, levando-a a se sentir inadequada. Da mesma forma, um adolescente muito repreendido por seu pai por não atender a padrões acadêmicos ou esportivos altos, tende a começar a sentir que nunca será "bom o suficiente".

E, claro, abuso físico, emocional ou negligência por parte do pai cria um profundo senso de insegurança e desvalorização, uma vez que a criança desenvolve uma grande desconfiança em relação aos outros e a si mesma.

Indivíduos com uma barreira de autoridade têm dificuldade em formar ou manter relacionamentos saudáveis, especialmente com figuras masculinas, devido a esses mesmos problemas de confiança e medos de rejeição. Eles crescem se sentindo inadequados e desvalorizados, resultando uma autopercepção negativa persistente. A famosa baixa autoestima.

Principalmente para os homens, a falta de um modelo paterno pode levar a confusões sobre o que significa ser um homem, impactando em seus papéis sociais e relações. Ele se torna um indivíduo incapaz de se posicionar e defender seus direitos. E para lidar com essas dores, dificuldades e frustrações, alguns podem recorrer a comportamentos autodestrutivos, como abuso de substâncias, comportamento impulsivo ou isolamento.

O primeiro passo para se libertar dessa barreira é entender que seus pais não pensaram em ser um mediador para você. Eles pensaram em não fazer você gerar um sentimento de vergonha nem neles e nem nos familiares.

Eles não foram mediadores, porque se tivessem sido, você não teria tantos medos assim, mas saiba que os seus resultados não são culpa dos seus pais. São culpa das suas escolhas. Perdoe seus pais, afinal eles foram treinados por outras pessoas que também não foram treinadas — quem está recebendo o treinamento agora é você.

Ao enfrentarmos isso com consciência e intenção, gradualmente redefinimos nosso relacionamento com as autoridades. Aprendemos a harmonizar o respeito pela experiência e sabedoria alheias com a confiança em nossa própria voz. E nesse processo, começamos a trilhar um caminho autêntico, em que a autoridade se torna um diálogo, não um decreto, e o poder pessoal finalmente passa a ser exercido com responsabilidade e autonomia.

RESPONSABILIDADE, POR OUTRO LADO, É DINÂMICA, É O RECONHECIMENTO DE QUE, SIM, A SITUAÇÃO ATUAL PODE SER O RESULTADO DE ESCOLHAS PASSADAS

CAPÍTULO 6

A PIRÂMIDE DA VIDA RICA POR COMPLETO

A pirâmide da Vida Rica por Completo é formada por alguns aspectos que nós simplesmente não podemos ignorar. São aqueles pontos que nos moldam, que nos impulsionam — ou nos desestimulam — a ser quem queremos ser e alcançar o que queremos alcançar. Por isso, eles devem ser tratados com toda a nossa atenção e devemos fazer o possível e o impossível para transformá-los de acordo com os nossos objetivos.

Vamos a cada um deles.

AMBIENTE

A importância do ambiente físico e virtual na trajetória para uma Vida Rica por Completo é imensa, atuando como catalisadores ou inibidores do sucesso, dependendo de como são configurados e interligados. Esses ambientes influenciam nossos pensamentos, comportamentos, hábitos e, em última análise, nossas chances de alcançar a riqueza.

O ambiente físico inclui nossa casa, local de trabalho e qualquer outro espaço físico que ocupamos regularmente. A configuração e a energia desses espaços têm um impacto enorme na nossa produtividade, criatividade e bem-estar mental, e esse impacto varia de acordo com fatores como organização e estímulos à produtividade.

Espaços organizados promovem clareza mental, minimizam distrações e ajudam a manter o foco nas atividades mais importantes. Uma área organizada é um reflexo do estado mental de quem a ocupa, permitindo uma sensação de controle sobre as tarefas diárias e facilitando o acesso aos itens necessários.

Por outro lado, quando o espaço está desorganizado, o caos costuma se espalhar para nossa mente, levando a distrações e ao desperdício de tempo procurando objetos ou documentos. A desordem também aumenta a sensação de sobrecarga, eleva os níveis de estresse e, por consequência, prejudica a produtividade.

Já o ambiente virtual inclui as redes sociais, websites, aplicativos e todas as plataformas digitais que utilizamos. Esse espaço pode ser tanto uma fonte de inspiração e educação quanto um campo minado de distrações e informações negativas, e os fatores que determinam isso são:

REDE DE CONTATO E APRENDIZADO X REDE DE PROCRASTINAÇÃO:

Devemos utilizar as redes para conectar-se com profissionais inspiradores, grupos que compartilham conhecimentos e assistir cursos online e ler livros, o que expande os horizontes, fornece novas ideias e aprimora as nossas habilidades.

Agora, quando usado apenas para entretenimento, como rolar indefinidamente pelas redes sociais ou assistir vídeos sem propósito, o ambiente virtual se transforma em uma armadilha que consome grande parte do tempo produtivo.

INFORMAÇÕES DE PROGRESSO X INFORMAÇÕES DE RUÍNA:

Plataformas digitais são fontes de notícias positivas, atualizações sobre avanços na ciência, tecnologia e arte, o que nos traz novas ideias e perspectivas, mas também estão repletas de notícias sensacionalistas, desinformação e conteúdo pessimista que só trazem ansiedade, medo e negatividade.

MODELAGEM POSITIVA X COMPARAÇÃO:

Acompanhar influenciadores que promovem hábitos saudáveis, profissionais que compartilham suas trajetórias de sucesso e pessoas que superaram desafios inspira o nosso crescimento pessoal, enquanto se comparar o tempo todo com padrões inatingíveis ou estilos de vida idealizados só gera sentimentos de inadequação e baixa autoestima.

CRIADOR DE CONTEÚDO X CONSUMIDOR DE CONTEÚDO:

Produzir conteúdo online, seja em blogs, redes sociais ou vídeos, permite expressar ideias, compartilhar conhecimento e construir uma audiência engajada. Agora, ser apenas consumidor pode até ser produtivo, mas quando se torna passivo demais ou exagerado, a consequência é o esgotamento e afastamento dos próprios objetivos.

SINGULARIDADE (OU IDENTIDADE)

A singularidade é um dos pilares fundamentais na construção da nossa Vida Rica por Completo, mas o que, de fato, ela significa? Podemos defini-la como a bússola interna que guia as nossas decisões diárias e a forma como interpretamos nossas experiências e aspirações.

Ela é composta por uma miríade de fatores, incluindo, mas não se limitando a, teorias pessoais, valores, princípios, experiências passadas e percepções de si mesmo e do mundo ao redor. Vamos falar sobre cada um desses aspectos:

Propósito — Saber quem você é e o que realmente valoriza cria uma fundação sólida para perseguir objetivos que trazem verdadeira satisfação e realização, em vez de seguir caminhos que parecem certos aos olhos dos outros, mas que, na realidade, podem não estar em consonância com o seu verdadeiro eu e seu propósito

Crescimento pessoal — A singularidade também desempenha um essencial crucial na realização do crescimento pessoal. Encontrar forças, fugir a erros, e espelhar ações que modulam valores que você, a cada progressão e especialização em diferentes funções ou incidências de forma mais eficaz.

Tomada de decisão — Uma singularidade clara fornece um quadro de referência para tomar decisões alinhadas com seus objetivos de longo prazo. Em um mundo repleto de opções e alternativas, saber qual caminho a seguir ou qual alternativa é fundamental para manter o foco na realização de escolhas que realmente contribuem para a construção de uma vida rica.

Conexão social — A forma como você se vê influencia diretamente a maneira como interage com os outros e constrói relacionamentos. Uma singularidade forte e positiva permite criar e manter conexões genuínas e relevantes, que são essenciais para o seu bem-estar pessoal e para o seu sucesso profissional e financeiro. Afinal, a riqueza não é apenas uma questão de dinheiro, mas também de riqueza em relacionamentos e redes de apoio.

Contribuição — Ter uma compreensão profunda da sua singularidade influencia a maneira como você deseja contribuir para o mundo e o legado que deseja deixar, pois a Vida Rica também é medida pelo impacto positivo que se tem na vida dos outros e nas causas que são importantes para você.

COMPORTAMENTO

O comportamento é um componente crítico na trajetória para alcançar uma vida rica, porque ele reflete a manifestação externa dos nossos pensamentos, crenças, valores e singularidade. Não se trata apenas do que fazemos, mas de como e por que agimos de certas maneiras, abrangendo uma ampla gama de ações, desde as decisões financeiras que tomamos até as maneiras pelas quais interagimos com as pessoas e gerenciamos nosso tempo.

AÇÃO CONSISTENTE

O comportamento é o veículo através do qual nossas intenções e objetivos se tornam realidade. Não importa quão nobres ou elevados sejam nossos objetivos, eles permanecerão no reino da imaginação até que tomemos ações concretas para realizá-los. O comportamento orientado a metas e consistente é fundamental para transformar a visão de uma vida rica em uma realidade tangível.

DISCIPLINA

A disciplina manifestada através de comportamentos diários é essencial para alcançar a riqueza. Os hábitos que cultivamos, sejam eles relacionados a finanças, saúde, aprendizado ou relações interpessoais, têm um impacto cumulativo gigantesco em nossa vida. Precisamos construir hábitos de sucesso — como investir regularmente, aprender continuamente e manter uma rede de apoio forte —, e só assim seremos capazes de sustentar a riqueza a longo prazo.

ADAPTAÇÃO

O comportamento adaptativo em resposta a desafios e oportunidades é um indicador de inteligência emocional e resiliência, qualidades que são indispensáveis no processo para a construção da nossa Vida Rica por Completo. A capacidade de ajustar comportamentos diante de feedbacks negativos ou mudanças nas circunstâncias é um fato determinante no quão bem sucedido você será na realização de seus objetivos financeiros e pessoais.

RELACIONAMENTOS

Comunicação eficaz, trabalho em equipe, e a capacidade de liderar e inspirar outros são todos comportamentos que podem ser desenvolvidos e que têm um impacto direto no sucesso financeiro e pessoal.

GESTÃO DE RECURSOS

Sim, como gerenciamos nossos recursos — tempo, energia, dinheiro — é, em grande parte, uma questão de comportamento. A eficiência e a eficácia com que alocamos esses recursos podem acelerar demais nossa jornada para uma vida rica. Isso inclui a capacidade de priorizar tarefas, evitar procrastinação e tomar decisões financeiras sábias.

PRODUTO

Ter um produto, seja ele físico ou digital, desempenha um papel fundamental no caminho para alcançar uma vida rica, mas antes de tudo preciso deixar claro que não é necessário e nem recomendo que você largue o seu emprego para começar a empreender.

Isso é um dos maiores erros cometidos porque começa a empreender. Ao invés de largar tudo e iniciar a sua trajetória de empreendedorismo sem uma base de sustentação, construa um negócio paralelo ao seu emprego principal. Aos poucos, seu negócio vai crescer e você vai ter uma nova renda principal, e somente nesse momento você deve abrir mão do seu emprego atual.

Um produto bem desenvolvido e comercializado é capaz de gerar renda passiva, ou seja, uma renda que é ganha sem que você tenha que trabalhar ativamente por ela o tempo todo. Isso é essencial para construir riquezas, pois permite que você desvincule sua capacidade de ganhar dinheiro do seu tempo, o recurso mais limitado que temos.

Da mesma forma, um produto ou serviço pode ser vendido repetidamente, sem um aumento proporcional no esforço ou custo. Isso cria um potencial enorme para crescimento e escalabilidade, elementos-

-chave para acumular riqueza de verdade — claro, principalmente se você fizer uso do digital.

Foque em criar uma marca forte e estabelecer um legado no mercado. Isso contribui para o sucesso comercial do produto, aumenta o seu valor percebido e abre portas para novas oportunidades de negócios.

Além de tudo isso, ter um produto permite que você impacte a vida das pessoas de forma tangível, seja resolvendo um problema, atendendo a uma necessidade ou proporcionando prazer. Esse impacto traz a satisfação pessoal que nós tanto buscamos e a construção de uma base sólida de clientes.

Mas como criar um produto bem-sucedido?

O primeiro passo é identificar uma necessidade não atendida ou um problema que muitas pessoas enfrentam, o que pode ser algo que você mesmo experimentou ou algo que observou em sua comunidade ou indústria.

Baseado na necessidade ou problema identificado, desenvolva um produto ou serviço que ofereça uma solução única e valiosa. Isso pode envolver inovação em termos de design, funcionalidade ou método de entrega.

Agora, antes de fazer um investimento relevante em produção e marketing, é extremamente essencial validar seu produto com seu mercado-alvo, o que geralmente é feito através de MVP (Minimum Viable Product).

ESTRATÉGIA E MÉTODO

Agora, por mais que o seu produto esteja validado e por melhor que seja, não pode se vender sozinho. Execute uma estratégia de marketing que destaque os benefícios únicos do seu produto, atinja seu público-alvo de forma eficaz e crie uma demanda sustentável.

Sempre pense em novas estratégias para otimizar a produção, distribuição e atendimento do seu produto, o que pode envolver automação, terceirização ou desenvolvimento de parcerias estratégicas. Afinal, o mercado está sempre mudando, e os produtos que não evoluem certamente se tornarão obsoletos. Invista em pesquisa e desenvolvimento contínuo para se manter sempre relevante e competitivo!

No entanto, no contexto do empreendedorismo e do desenvolvimento de negócios, a capacidade de vender e escalar é o que diferencia uma ideia promissora de um empreendimento que vai realmente te gerar riqueza financeira, e é por isso que devemos sempre ter em mente estratégias eficazes de crescimento de receita e expansão do alcance de mercado.

São essas estratégias que vão permitir que o negócio possa atender à demanda crescente sem comprometer a qualidade ou a entrega do produto/serviço, garantindo sua sustentabilidade a longo prazo.

Para isso, você precisa entender profundamente seu público-alvo. Utilize dados e feedbacks dos clientes para refinar seu produto/serviço, preço, canais de distribuição e mensagens de marketing. Da mesma forma, identifique e refine cada etapa do seu funil de vendas, desde a conscientização até a decisão de compra, garantindo uma jornada do cliente suave e eficiente.

O funil de vendas é um conceito estratégico usado para descrever o trajeto de um potencial cliente desde o primeiro contato com a marca até a efetivação da compra. Esse processo é visualizado como um funil devido ao decréscimo progressivo do número de potenciais clientes em cada fase. Inicia-se com a fase de conscientização, na qual o consumidor toma conhecimento da marca, progredindo para o interesse e consideração, avaliando a adequação do produto às suas necessidades. Segue-se a intenção de compra e a decisão, culminando na ação de compra. O funil de vendas ajuda a entender e otimizar o processo de conversão de interessados em compradores efetivos, identificando e aprimorando os pontos críticos onde potenciais clientes podem desistir do processo.

Adote estratégias validadas de marketing digital, seja através de lançamentos, venda perpétua ou prospecção ativa, e assim você estará cada vez mais próximo de construir um negócio sólido e capaz de preencher o aspecto financeiro da sua Vida Rica por Completo.

Mas, claro, jamais se esqueça de que o nosso objetivo neste livro vai além da mera acumulação de riqueza financeira. Trata-se — sempre! — de uma abordagem holística para a vida, que considera a plenitude de experiências, realizações pessoais e contribuições relevantes para o mundo.

Para se aprofundar ainda mais nesse processo e entender melhor como implementar cada uma dessas etapas, convido você a acessar meu site hayka.com.br, no qual trago conteúdos e treinamentos para você pavimentar a estrada até o seu primeiro MILHÃO.

CAPÍTULO 7

CRIE NOVOS HÁBITOS

Uma rotina matinal bem alinhada é uma poderosa aliada no caminho para o sucesso. Quando se trata de enriquecer, tanto financeiramente quanto em bem-estar, a maneira como começamos o dia têm um impacto gigantesco no nosso desempenho, na produtividade e no controle emocional.

Primeiro de tudo, que tal começar com um bom banho gelado?

O banho gelado é uma exposição intencional ao desconforto. É uma forma de treinar nosso cérebro a sair da zona de conforto, reconhecendo que não há progresso, crescimento ou sucesso sem enfrentarmos desafios. É muito mais do que um simples desconforto momentâneo. Ele age como um estímulo ao estresse controlado, expondo o corpo a condições adversas, como a água fria. Esse processo, conhecido como hormese, sugere que pequenas doses de estresse são capazes de fortalecer nossa resiliência, promovendo adaptações biológicas positivas que aumentam a tolerância ao estresse de forma geral.

Em seguida, se exponha à luz do Sol.

A luz é o principal sincronizador do ritmo circadiano. A exposição à luz natural pela manhã ajuda a regular o relógio biológico, o que desenvolve um ciclo de sono mais regular e de melhor qualidade — e, como bem sabemos, essa regularidade é fundamental para diversos aspectos da saúde, como a melhora da função cognitiva, a regulação do humor e o fortalecimento do sistema imunológico.

Agora, após o banho gelado e o banho de Sol, é a hora da principal refeição do dia: o café da manhã.

Incluir proteína no café da manhã é uma estratégia eficaz para melhorar a sensação de saciedade ao longo do dia. As proteínas têm a capacidade de promover uma sensação de satisfação que dura mais tempo quando comparada a carboidratos e gorduras, pois demoram mais para serem digeridas. Esse efeito prolongado contribui para a redução do consumo calórico diário total, o que, claro, auxilia no controle do nosso peso e da nossa saúde — um dos elementos mais importantes, senão **o** mais importante, para a construção da nossa Vida Rica por Completo.

Além disso, consumir proteínas logo pela manhã ajuda a estabilizar os níveis de energia e ajuda a manter um foco mais claro nas atividades seguintes.

Em seguida, ler alguma coisa pode estabelecer um tom positivo e intencional para as horas seguintes. Mas não qualquer coisa, claro. Escolha um livro inspirador, educativo ou simplesmente uma leitura prazerosa, e isso irá elevar o seu ânimo e preparar a mente para enfrentar o dia com uma atitude mais positiva e aberta. A leitura, além de estimular o cérebro, oferece novas perspectivas e prepara a mente para absorver informações e encontrar soluções criativas para os desafios diários.

Dessa forma, você já inicia o seu dia com tudo para transformá-lo em um passo a mais na direção da Vida Rica por Completo.

ESTRATÉGIA EQUAMI

A estratégia EQUAMI aborda um conceito abrangente para alcançar o equilíbrio e o enriquecimento pessoal, baseado em três pilares principais:

Equilíbrio (EQU): Ter um equilíbrio na vida é essencial para lidar com os desafios diários de forma eficaz. Isso implica encontrar harmonia entre diferentes aspectos da vida, como trabalho, saúde e relacionamentos, garantindo que nenhum deles seja negligenciado. O equilíbrio também se estende à mente e ao corpo, promovendo um estado mental estável e uma vida física ativa.

Ambiental (AM): O ambiente ao nosso redor tem um impacto enorme em nossa qualidade de vida e bem-estar. Cuidar do ambiente em que vivemos e trabalhamos ajuda a promover uma sensação de ordem e controle, o que pode ter efeitos positivos na produtividade e no estado emocional.

Interno (I): O estado interno de cada indivíduo é essencial para seu bem-estar. Ter controle das próprias emoções e desenvolver uma forte inteligência emocional permite lidar com situações desafiadoras de maneira mais eficaz. Isso leva a uma vida mais próxima da plenitude, em que o indivíduo sente que está no controle de seu destino e pode enfrentar adversidades com resiliência.

Esses pilares garantem que o indivíduo viva bem, mantendo o controle de suas emoções e levando uma vida mais próxima da plenitude. A prática contínua dessa estratégia pode ajudar a alcançar um estado de bem-estar que impulsiona o sucesso pessoal e profissional.

ESTUDE SEMPRE

O estudo, frequentemente associado ao desenvolvimento intelectual e ao avanço profissional, também desempenha um papel essencial na manutenção do equilíbrio emocional. Esta conexão, por mais que às vezes seja subestimada, é fundamentada em diversos aspectos psicológicos e emocionais que promovem bem-estar mental e resiliência emocional.

Engajar-se em estudos e aprendizado contínuo também fornece um senso de propósito e direção. O processo de buscar conhecimento e alcançar metas de aprendizado estabelece objetivos claros, que podem ser incrivelmente gratificantes e motivadores.

Ao mesmo tempo, adquirir novos conhecimentos e habilidades através do estudo melhora a forma como você se vê, aumentando a autoconfiança e a autoestima. Sentir-se competente e capaz em determinadas áreas ou disciplinas pode reforçar a crença em suas próprias habilidades e potencial, fundamentais para um equilíbrio emocional saudável.

PRATIQUE EXERCÍCIOS FÍSICOS

A prática regular de exercícios físicos é fundamental não apenas para a saúde física, mas também para o equilíbrio emocional e, indiretamente, para alcançar riqueza e sucesso em vários aspectos da vida. A interconexão entre a atividade física, bem-estar emocional e realização pessoal e profissional é suportada por uma vasta gama de pesquisas e evidências práticas. Vamos detalhar esses benefícios.

Redução de Estresse e Ansiedade: A prática regular de exercícios ajuda a diminuir os níveis de estresse e ansiedade. Isso ocorre através da redução dos hormônios relacionados ao estresse, como o cortisol e a adrenalina, enquanto aumenta a produção de endorfinas, que sao neurotransmissores responsáveis pela sensação de bem-estar e felicidade.

Melhoria do Humor: Atividades físicas estimulam a produção de neurotransmissores como serotonina e dopamina, que são fundamentais para regular o humor. Isso pode diminuir a incidência de depressão e melhorar o estado emocional de forma geral.

Melhoria do Sono: O exercício regular também pode melhorar a qualidade e a regularidade do sono, algo essencial para a regulação do humor e a manutenção do equilíbrio emocional. Ter uma rotina de sono saudável permite que a mente e o corpo se recuperem adequadamente, contribuindo para um estado de espírito mais estável e produtivo.

Além dos benefícios para o equilíbrio emocional, o exercício físico também contribui muito para o sucesso nos negócios e no desenvolvimento pessoal das seguintes formas:

Aumento da Energia e Produtividade: A prática regular de exercícios físicos aumenta os níveis de energia e melhora a concentração e a memória. Isso pode traduzir-se em maior produtividade no trabalho ou nos negócios, facilitando o alcance de objetivos e o sucesso profissional.

Desenvolvimento de Disciplina e Resiliência: A disciplina necessária para manter uma rotina de exercícios pode ser aplicada a outros aspectos da vida, incluindo metas financeiras e profissionais. Além disso, superar desafios físicos pode fortalecer a resiliência emocional e mental, habilidades valiosas no mundo dos negócios e em empreendimentos pessoais.

Networking: O exercício físico também pode ser uma atividade social, seja participando de uma equipe esportiva, frequentando uma academia ou participando de grupos de corrida. Essas interações podem levar a novas oportunidades de networking e parcerias profissionais.

ALIMENTE-SE BEM

Nutrir o corpo com os alimentos certos tem um grande impacto na saúde mental, na capacidade de concentração e produtividade, além de melhorar a energia e a disposição para enfrentar os desafios diários. Vamos explorar a importância de uma alimentação saudável sob essas perspectivas:

Regulação do Humor: Uma dieta balanceada, rica em frutas, vegetais, proteínas magras e grãos integrais fornece nutrientes essenciais, como ácidos graxos ômega-3, vitaminas do complexo B, ferro, magnésio e zinco, que são conhecidos por ajudar na regulação do humor e na prevenção de distúrbios como depressão e ansiedade. Esses alimentos são como supercombustíveis que mantêm sua máquina emocional rodando suavemente.

Redução do Estresse: Certos alimentos possuem propriedades que ajudam a diminuir o estresse. Por exemplo, alimentos ricos em antioxidantes ajudam a combater o dano oxidativo relacionado ao estresse, enquanto opções ricas em vitamina C podem reduzir os níveis de cortisol, o hormônio do estresse. Pensando bem, o que você coloca no prato tem tudo para ser o seu aliado secreto para manter a calma sob pressão.

Melhoria do Sono: A qualidade da dieta influencia a qualidade do sono, que é vital para a manutenção do equilíbrio emocional. Alimentos que promovem o sono, como aqueles ricos em triptofano, magnésio e melatonina, ajudam a regular o padrão de sono. Então, se você deseja uma noite tranquila, talvez seja hora de prestar atenção ao que vai para o seu prato no jantar.

Além de contribuir para o equilíbrio emocional, uma alimentação saudável também desempenha um papel vital na produtividade e na longevidade:

Aumento da Produtividade: Uma alimentação equilibrada fornece energia estável e sustentada, melhorando a concentração, a memória e as funções cognitivas. Isso pode resultar em maior produtividade no trabalho ou nos estudos, facilitando o alcance de metas profissionais e pessoais. Imagine sua mente como um motor de alta performance: sem o combustível certo, ele simplesmente não vai render como deveria.

Longevidade e Vitalidade: Uma dieta nutritiva contribui para uma vida mais longa e com melhor qualidade, permitindo que permaneçamos ativos e engajados em nossas carreiras e empreendimentos pessoais por mais tempo. Afinal, de que adianta conquistar o mundo se não conseguimos aproveitar nossos ganhos?

Então quer descobrir um dos segredos para alcançar a Vida Rica? Comece escolhendo alimentos que forneçam o combustível certo para o seu cérebro.

Abordo com maiores detalhes esses últimos tópicos no meu livro "*SEM ISSO VOCÊ NÃO VAI EMAGRECER*", no qual apresento os segredos que determinam uma vida saudável de forma duradoura e sustentável.

LAZER

Integrar atividades de lazer nas nossas vidas geram bem-estar mental, físico e social, todos elementos essenciais para a Vida Rica por Completo.

Redução de Estresse e Ansiedade: As atividades de lazer oferecem uma pausa necessária das responsabilidades diárias, ajudando a reduzir os níveis de estresse e ansiedade. Seja praticando um hobby, passando tempo na natureza ou se engajando em atividades esportivas, o lazer permite que o corpo e a mente descansem e se recuperem. Nada como um bom jogo de futebol com os amigos para descontrair!

Melhoria da Saúde Mental: O lazer, principalmente quando envolve atividades que são prazerosas e satisfatórias, aumenta os níveis de serotonina e endorfinas no cérebro, neurotransmissores associados à felicidade e ao bem-estar. Isso ajuda a prevenir a depressão e melhorar a qualidade de vida. Portanto, agende um tempo na agenda para fazer o que gosta.

Fortalecimento de Relacionamentos: Muitas atividades de lazer são sociais por natureza, permitindo que as pessoas construam e fortaleçam relacionamentos com familiares e amigos. Essas conexões, claro, são fundamentais para o suporte emocional e a satisfação pessoal.

Aumento da Produtividade: Embora possa parecer contra-intuitivo, dedicar tempo ao lazer tende, na verdade, a aumentar a produtividade. Períodos de descanso e recuperação são essenciais para manter altos níveis de energia e foco, o que resulta em um desempenho mais eficaz no trabalho ou nos negócios. Sim, às vezes, dar um passo para trás permite que você dê dois passos à frente com mais facilidade.

Estímulo à Criatividade: O lazer oferece a oportunidade de sair da rotina diária, o que pode ser extremamente benéfico para a criatividade. Experiências novas e interessantes inspiram ideias inovadoras, tão importantes para o sucesso no empreendedorismo e na resolução de problemas complexos. Então, que tal uma caminhada ao ar livre assim que fechar este livro para deixar a mente fluir?

Longevidade e Vitalidade: Investir em lazer e atividades recreativas contribui para uma melhor saúde física e aumenta a longevidade. Um corpo e mente saudáveis são essenciais para aproveitar e construir riqueza ao longo do tempo, então jamais negligencie esses momentos que tanto rejuvenescem o espírito.

FAMÍLIA

O papel da família na Vida Rica por Completo está no apoio emocional e social que ela proporciona, e também nas maneiras como fundamenta valores, oferece educação e cria um ambiente propício ao desenvolvimento pessoal e profissional:

Saber que se tem um porto seguro e pessoas que oferecem amor e apoio incondicional é essencial para manter o equilíbrio emocional em tempos de estresse e incerteza. Afinal, todos precisam de uma âncora que mantenha os pés no chão.

A família contribui muito para o nosso senso de identidade e pertencimento, e esse sentimento de estar conectado e ser parte de algo maior aumenta a autoestima e promove um estado mental positivo. Saber que fazemos parte de algo maior nos enche de propósito!

Além da educação formal, a família é também uma fonte importante de aprendizado e desenvolvimento de habilidades essenciais. Discussões, experiências compartilhadas e até mesmo a observação de como os membros da família lidam com desafios podem inserir lições valiosas que contribuem para o sucesso futuro. A família é um laboratório constante de experiências e de transmissão de valores, como a ética de trabalho, perseverança, responsabilidade e a importância da educação.

Famílias que cultivam resiliência e a capacidade de adaptação frente às mudanças econômicas e desafios da vida ensinam lições valiosas sobre como navegar no mundo dos negócios e das finanças pessoais. Essas habilidades são indispensáveis para quem busca não apenas enriquecer, mas também sustentar a riqueza ao longo do tempo. Quem se adapta melhor, sobrevive e emerge cada vez mais forte.

Crescer em um ambiente que valoriza o trabalho duro, a integridade e a determinação inspira as gerações futuras a buscar seus próprios sucessos financeiros e profissionais, então se você não recebeu isso desde cedo em casa, trate de quebrar este ciclo e passar toda essa transformação para os seus eventuais filhos.

BOAS AMIZADES

Assim como a família, amigos (ou pelo menos os bons amigos) oferecem uma rede de apoio emocional muito importante, ajudando-nos a enfrentar desafios, superar adversidades e celebrar conquistas. Esse apoio pode ser um fator determinante para manter a saúde mental e o bem-estar, pois a presença de amigos confiáveis e o compartilhamento de experiências podem diminuir os níveis de estresse e aumentar a produção de ocitocina, um hormônio que reduz a ansiedade e traz sentimentos de calma e segurança.

Através das experiências compartilhadas e do apoio mútuo, os amigos nos ajudam também a desenvolver resiliência. Com certeza aprender a navegar nas complexidades das relações de amizade nos prepara para lidar melhor com outras áreas da vida.

Ao mesmo tempo, bons amigos abrem portas para oportunidades profissionais, oferecem conselhos valiosos e compartilham conhecimentos que são fundamentais para o sucesso na carreira ou nos negócios. O networking feito através de amizades genuínas nos leva a oportunidades que de outra forma não seriam acessíveis.

Amigos com experiência em finanças, investimentos ou negócios, por exemplo, podem oferecer conselhos práticos e orientação, ou mesmo nos aproximar de pessoas importantes dessas áreas.

ESPIRITUALIDADE

A espiritualidade, independentemente de estar ligada a uma religião específica ou a uma busca pessoal por significado e conexão, desempenha um papel importante na vida de muitas pessoas, influenciando tanto o equilíbrio emocional quanto a trajetória para alcançar a Vida Rica Por Completo.

Afinal de contas, a espiritualidade, quando bem administrada, oferece conforto nos momentos de incerteza e sofrimento, proporcionando um senso de paz interior. Ela ajuda as pessoas a encontrar esperança e resiliência diante dos desafios da vida, pois traz um sentido e um propósito que transcende as preocupações materiais.

Muitas tradições espirituais também enfatizam a importância da comunidade e da conexão com os outros, então participar de grupos espirituais ou comunitários pode oferecer suporte social e aumentar o sentimento de pertencimento.

Quando o assunto é alcançar a riqueza, a espiritualidade pode influenciar a maneira como as pessoas veem o trabalho e o sucesso, enfatizando valores como integridade, compaixão e ética no trabalho. Estes valores fomentam práticas comerciais justas e são a base para construir reputações profissionais sólidas e confiáveis.

Da mesma forma, a introspecção e a reflexão espiritual podem fazer com que adotemos uma abordagem mais consciente em relação às tomadas de decisão, inclusive nas áreas financeiras e profissionais. Isso é importante para evitar escolhas impulsivas e a alinhar as decisões de negócios e financeiras com valores e objetivos de vida mais profundos.

E lembrem-se sempre: espiritualidade não necessariamente significa religião!

MÉTODO CASULO

O "Modo Casulo" é uma abordagem estratégica para alcançar uma melhoria completa nas áreas da vida. A analogia do casulo é utilizada para descrever um período de isolamento voluntário e foco intensivo, no qual a pessoa se abstém de atividades e gastos considerados supérfluos ou desnecessários, como festas, farras e certas amizades que não contribuem para seus objetivos de longo prazo.

Esse método é de uma disciplina rigorosa, com a economia e o investimento assumindo prioridade máxima. Em vez de gastar com entretenimento e socializações frequentes, os recursos são direcionados para poupança, investimentos e outras formas de acumulação de patrimônio. O conceito também implica em uma reavaliação das relações sociais, priorizando conexões que são vistas como enriquecedoras e benéficas para o crescimento pessoal e financeiro.

Adotar o Modo Casulo não significa renunciar a todo tipo de prazer ou interação social, mas sim fazer escolhas mais conscientes sobre onde e como alocar tempo e recursos. A ideia é que, através deste período de sacrifício e foco intensivo, a pessoa possa emergir de seu "casulo" em uma posição financeira substancialmente melhor, semelhante à metamorfose de uma lagarta para uma borboleta.

Claro que, embora o Modo Casulo possa ser uma estratégia eficaz para alguns, ele exige considerável autocontrole e visão de longo prazo. A decisão de entrar neste modo deve ser cuidadosamente ponderada, levando em conta as próprias necessidades emocionais e psicológicas, assim como os objetivos financeiros. Além disso, mantenha um equilíbrio saudável, assegurando que o foco na acumulação de riqueza não venha à custa do bem-estar pessoal, do lazer e das relações verdadeiras, do descanso, da alimentação, da espiritualidade e tudo o que falamos até aqui.

CAPÍTULO 8

DEFINIÇÃO DE OBJETIVOS E METAS

VIVER O HOJE: O PRESENTE

Viver plenamente o presente é uma prática que exige uma consciência ativa e contínua, situando-nos firmemente nas experiências imediatas, em vez de nos perdermos em reflexões sobre o passado ou especulações sobre o futuro. Este estado de atenção plena nos permite estar totalmente engajados mental e emocionalmente com o momento atual, potencializando significativamente nossa qualidade de vida.

Naturalmente, preocupações com o futuro fazem parte da condição humana, mas é crucial reconhecer que muitas dessas preocupações são infundadas e acabam por se tornar barreiras à ação efetiva. Ao confrontar pensamentos ansiosos, é essencial questionar sua validade, perguntando-se se estão realmente baseados em evidências ou se derivam de suposições infundadas. Técnicas de mindfulness, como a meditação focada na respiração ou nas sensações corporais, são ferramentas valiosas para redirecionar a atenção ao presente, diminuindo a ansiedade relacionada ao futuro.

A prática da atenção plena transcende a mera técnica meditativa, configurando-se como um verdadeiro estilo de vida. Iniciar com breves períodos de meditação diária pode treinar a mente a se concentrar no aqui e agora, aumentando a consciência em todas as facetas da vida, o que contribui para a redução do estresse e para a promoção de uma paz interior mais profunda.

Ao direcionar o foco para o momento presente, minimiza-se também o peso emocional de arrependimentos passados e de futuras ansiedades. Cultivar a gratidão diariamente, seja por meio de anotações ou reflexões sobre aspectos positivos da vida, não apenas eleva o ânimo, mas também reorienta a perspectiva para uma que valoriza e celebra o valor intrínseco do agora. Tal prática pode transformar de forma significativa nossa experiência diária, levando a uma apreciação mais rica e profundamente enraizada das pequenas alegrias e vitórias do cotidiano. A Vida Rica por Completa é aqui é agora.

PENSAMENTOS POSITIVOS NÃO ADIANTAM

Só pensar positivo não é o bastante, né? Pensar positivo é ótimo pra saúde mental e bem-estar emocional, mas sozinho não vai te deixar rico nem fazer você alcançar grandes coisas na vida. Tenho a certeza de que muitas vezes você pensou *muito positivo* de que determinado problema iria se resolver, mas as coisas não saíram como você queria ou não na velocidade que você queria.

Os pensamentos positivos até que dão um norte, motivam a gente, mas o que realmente faz a diferença são as ações. Por exemplo, de nada adianta ficar só no positivismo sobre a carreira ou as finanças. Se não rolar uma ação prática, como investir uma grana, economizar ou dar um upgrade nas habilidades, nada muda de verdade.

Além disso, pensar positivo não vai fazer sumir os desafios e obstáculos que aparecem no caminho para a prosperidade. Problemas financeiros, barreiras do mercado e outras dificuldades exigem soluções mais concretas e estratégicas, não só boas vibrações. Encarar esses desafios muitas vezes pede uma análise realista e uma abordagem bem pé no chão.

Tem também o perigo de confiar demais no poder do pensamento positivo e acabar ficando acomodado, achando que só isso resolve tudo. Quem cai nessa pode deixar de fazer o que realmente precisa ser feito para avançar rumo aos objetivos. Essa postura pode levar a perder oportunidades e a não estar preparado para enfrentar os perrengues de verdade.

Se você quer mesmo enriquecer, vai precisar de um planejamento bem feito e uma estratégia direitinha. Pensar positivo até ajuda a manter o ânimo, mas sem um plano de ação detalhado, com metas, prazos e passos bem definidos, fica difícil transformar sonhos em realidade.

Manter um equilíbrio entre otimismo e realismo é chave para o sucesso a longo prazo. Enquanto o pensamento positivo ajuda a ver o copo meio cheio, o realismo garante que você fique com os pés no chão, pronto para lidar com o que der e vier.

E olha, a caminhada para a prosperidade geralmente não é uma linha reta; é cheia de curvas e precisa de ajustes. Ficar só nos pensamentos positivos não vai te dar o feedback que os resultados reais proporcionam. Monitorar o progresso, avaliar se as estratégias estão funcionando e fazer os ajustes necessários são coisas que dependem mais de ações concretas e análises objetivas do que só de otimismo.

TENHA METAS ESPECÍFICAS

Metas são fundamentais para a concretização de objetivos mais amplos. Elas funcionam como marcos no percurso para a realização de um sonho, trazendo foco e orientação específica sobre o que fazer até determinada data. Por exemplo, se o seu objetivo é melhorar sua saúde, uma meta bem-definida poderia ser "correr 5 quilômetros três vezes por semana durante seis meses".

Para que as metas sejam eficazes, elas devem ser SMART, ou seja, específicas, mensuráveis, alcançáveis, relevantes e temporais:

1. *Específica (Specific)*: A meta deve ser clara e precisa, eliminando qualquer ambiguidade para garantir que você saiba exatamente o que precisa ser feito. Ao invés de dizer "quero perder peso", uma meta específica seria "quero perder 5 quilos".

2. *Mensurável (**M**easurable)*: É crucial que a meta possa ser quantificada ou claramente avaliada, para que seja possível monitorar o progresso. Por exemplo, se o objetivo é aumentar as vendas, uma meta mensurável seria "aumentar as vendas em 10% em seis meses".

3. *Alcançável (**A**chievable)*: A meta precisa ser realista, considerando os recursos disponíveis e o prazo estipulado, para garantir que você possa efetivamente alcançá-la sem ser superado pela frustração.

4. *Relevante (**R**elevant)*: A meta deve ser importante para você e estar alinhada com seus objetivos mais amplos, para garantir que cada passo dado esteja contribuindo de forma significativa para os seus planos de longo prazo.

5. *Temporal (**T**ime-bound)*: Estabelecer um prazo é essencial para criar um senso de urgência. Por exemplo, estabelecer como meta "fazer o primeiro milhão em 12 meses" pode motivá-lo a agir com determinação.

Agora, vamos aplicar esses conceitos na criação de uma meta específica: Se você está planejando melhorar suas habilidades profissionais, uma meta SMART poderia ser "Concluir um curso de especialização em gestão de projetos online de 120 horas até o final do semestre". Isso responde ao "quê" e ao "quando", é mensurável pelo acompanhamento das horas de estudo, é alcançável se você organizar seu tempo adequadamente, é relevante se o aprimoramento contribuir para sua carreira, e é temporal, com um prazo estabelecido para a conclusão.

Crie agora a sua Meta Específica em relação ao alcance da Vida Rica Por Completo, contemplando todos os elementos da Meta SMART.

Minha Meta Específica:

____

____

____

Sendo:

S - ____

M - ____

A - ____

R - ____

T - ____

CAPÍTULO 9

RETEORIZAÇÃO

Na vida, criamos *Teorias* sobre tudo ao nosso redor. É a maneira como recebemos os estímulos do mundo exterior e os processamos em nosso cérebro, criando a nossa visão de mundo. Sendo assim, as Teorias são conjuntos de ideias que as pessoas aceitam como verdadeiras ou reais, muitas vezes baseadas em suposições mais do que em provas concretas. Essas teorias fundamentam a maneira como interpretamos nossas experiências, entendemos a realidade e decidimos agir em diversos aspectos da vida.

Essa é a última e definitiva chave para a Vida Rica por Completo.

COMO AS TEORIAS SÃO FORMADAS

Vários fatores influenciam a formação de teorias, e aqui estão alguns dos mais significativos:

1. *Fatores Culturais e Sociai*s: O contexto cultural e social em que vivemos tem um papel fundamental na moldagem de nossas teorias. Normas culturais, educação e influências de família e

amigos podem reforçar ou desafiar nossas crenças. Por exemplo, se crescermos em uma cultura que valoriza muito a independência pessoal, é provável que desenvolvamos teorias que enfatizem a autossuficiência.

2. *Experiências Pessoais*: As vivências pessoais também são determinantes na formação de nossas teorias. Cada interação e evento que vivenciamos contribui para a maneira como vemos o mundo. Se alguém tem experiências positivas com um grupo de pessoas, por exemplo, pode desenvolver a teoria de que esse grupo é confiável.

3. *Educação e Conhecimento*: O que aprendemos formalmente ou por meio de leituras e outras fontes de informação também molda nossas teorias. A educação pode ampliar nossa compreensão do mundo e desafiar concepções prévias, levando à formação de novas teorias ou à modificação das antigas.

4. *Percepção*: A maneira como percebemos e interpretamos os eventos ao nosso redor também é crucial na formação de teorias. A percepção pode ser subjetiva e influenciada por nossos estados emocionais ou experiências passadas, o que significa que duas pessoas podem interpretar o mesmo evento de maneiras completamente diferentes.

Um exemplo prático e cotidiano da influência das teorias na vida real pode ser observado no conceito de "mentalidade fixa" versus "mentalidade de crescimento", uma teoria popularizada pela psicóloga Carol Dweck. De acordo com essa teoria, as pessoas com uma mentalidade fixa acreditam que suas habilidades e inteligência são traços fixos que não podem ser alterados significativamente. Por outro lado, aqueles com uma mentalidade de crescimento veem suas habilidades como qualidades que podem ser desenvolvidas por meio do esforço, da aprendizagem e da persistência.

Ana cresceu em um ambiente em que seus pais e professores constantemente reforçavam a ideia de que o sucesso depende de talentos inatos. Se Ana não fosse boa em matemática desde cedo, ela poderia internalizar a crença de que "não é boa com números", teoria que ela criou sobre suas próprias capacidades, estabelecendo uma mentalidade fixa. Como resultado, ela pode evitar desafios matemáticos no futuro, acreditando que não é capaz de melhorar nessas áreas, o que pode limitar suas escolhas de carreira e crescimento pessoal.

Por outro lado, se Ana fosse encorajada a ver desafios como oportunidades de aprendizado e se suas experiências de vida lhe mostrassem que o esforço pode levar à melhoria das habilidades, ela poderia desenvolver uma teoria totalmente diferente sobre si mesma, associada à mentalidade de crescimento. Isso a motivaria a se engajar em problemas matemáticos mais complexos, estudar mais arduamente quando enfrentasse dificuldades e ver o fracasso como uma parte natural do processo de aprendizado.

A história de Ana mostra como as teorias que adotamos podem moldar profundamente nossa interpretação da realidade, nossas ações e, em última análise, o curso de nossas vidas. Compreender e questionar as teorias que seguimos pode abrir portas para um crescimento pessoal significativo e mudanças positivas em nosso comportamento diário.

A ORIGEM DAS TEORIAS

As teorias que adotamos e que moldam nossa percepção de mundo começam a se formar desde os primeiros anos de nossa vida, sendo profundamente influenciadas pelo ambiente familiar. Os pais e outros membros da família frequentemente atuam como os primeiros e mais influentes modelos de comportamento e pensamento para uma criança. Por exemplo, se um pai costuma expressar a crença de que "dinheiro é difícil de ganhar", essa teoria pode se enraizar profundamente na criança, influenciando a maneira como ela perceberá e abordará oportunidades financeiras no futuro.

Não apenas a família, mas também a cultura e a sociedade em que crescemos desempenham um papel crucial na formação de nossas teorias. Aspectos como normas culturais, expectativas sociais, educação religiosa e influências da mídia contribuem para a construção de nossas crenças sobre sucesso, manejo do dinheiro e o papel do indivíduo na sociedade. Estas teorias culturais são transmitidas por meio de histórias, tradições, ensino formal e interações cotidianas, solidificando certos valores e expectativas em nossa mente.

As experiências pessoais, particularmente aquelas que têm um significado emocional profundo, também são fundamentais para moldar nossas teorias. Se uma pessoa vivencia um fracasso empreendedor, por exemplo, isso pode levar à formação de uma teoria disfuncional de que "não é cortada para ser empresária". Esta conclusão pode ser influenciada mais pela emoção do momento do que por uma análise objetiva das circunstâncias que levaram ao fracasso, que podem ter sido causadas por fatores externos e não pela incapacidade inerente da pessoa.

Além disso, as teorias emergem das interpretações e conclusões que cada indivíduo faz baseado em suas observações e experiências. É possível que duas pessoas passem pelo mesmo evento e, ainda assim, desenvolvam crenças completamente distintas sobre o que o evento significou, dependendo de como cada uma interpretou e internalizou a experiência. Esta subjetividade nas interpretações é o que faz com que as teorias pessoais sejam tão diversas e únicas entre os indivíduos.

Assim, entender a origem de nossas teorias pode nos oferecer insights importantes sobre como elas influenciam nossas decisões e comportamentos, e pode ser o primeiro passo para revisar e ajustar crenças que podem estar limitando nosso potencial de crescimento e sucesso.

COMO AS TEORIAS IMPACTAM NO SEU ENRIQUECIMENTO (OU NÃO ENRIQUECIMENTO)

As teorias desempenham um papel essencial não só em nossas decisões financeiras mas também na forma como percebemos oportunidades e enfrentamos desafios. Elas formam a base de nossas atitudes em relação ao dinheiro e podem influenciar profundamente nosso sucesso financeiro.

Por exemplo, se uma pessoa cresce ouvindo e acreditando que "dinheiro é a raiz de todo mal", é provável que desenvolva uma perspectiva negativa em relação à riqueza. Essa crença pode levá-la a evitar buscar ou aceitar oportunidades de aumentar seus ganhos, por medo de se tornar "corrupta" ou "malvada". Por outro lado, se alguém adota uma visão de que "o dinheiro é uma ferramenta para alcançar liberdade e ajudar os outros", essa teoria funcional pode motivar a pessoa a procurar ativamente maneiras de melhorar sua situação financeira, vendo o dinheiro como um meio para um fim positivo.

Além disso, as teorias que uma pessoa sustenta influenciam diretamente como ela responde aos desafios financeiros. Indivíduos que acreditam na própria capacidade de superar dificuldades financeiras tendem a ser mais resilientes, encarando problemas como oportunidades de aprendizado e crescimento. Essa mentalidade pode ser decisiva para evitar que contratempos temporários se tornem impedimentos duradouros, pavimentando o caminho para a prosperidade.

Uma perspectiva otimista também pode ser uma vantagem significativa no mundo financeiro. Pessoas que veem o copo meio cheio são frequentemente mais abertas a oportunidades que outros podem considerar arriscadas ou inviáveis. Por exemplo, alguém que acredita firmemente no valor do risco calculado e em sua própria competência pode decidir investir em uma startup inovadora ou no mercado de ações, onde outros veem apenas volatilidade. Tais decisões, embora arriscadas, podem levar a retornos substanciais, demonstrando como uma teoria positiva sobre a capacidade pessoal e o risco financeiro pode contribuir para o enriquecimento.

Ou seja, as teorias que internalizamos e sustentamos sobre dinheiro e capacidade pessoal têm um impacto profundo em nossas vidas financeiras. Elas não só moldam nossas ações diárias, mas também definem nossa capacidade de identificar e aproveitar oportunidades que podem levar ao sucesso financeiro. É crucial, portanto, refletir e, se necessário, ajustar nossas crenças para cultivar uma relação mais saudável e produtiva com o dinheiro.

COMO IDENTIFICAR AS TEORIAS DISFUNCIONAIS

Identificar e reconhecer teorias disfuncionais é crucial para o desenvolvimento pessoal e para superar as barreiras que bloqueiam o crescimento e o enriquecimento pessoal. Podemos considerar *disfuncionais* todas aquelas que não funcionam para os objetivos e metas que você tem para a sua vida atualmente. Essas teorias, muitas vezes subconscientes, podem ser difíceis de detectar e modificar devido à sua natureza oculta.

Para começar a abordar essas teorias, uma análise introspectiva sobre as áreas da sua vida onde você encontra barreiras consistentes ou frustrações pode ser extremamente útil. Questione-se sobre os pensamentos que surgem em situações específicas, como quando você tenta melhorar financeiramente. Pergunte-se: "Quais pensamentos aparecem quando tento enriquecer?" ou "Há algum padrão de pensamento que consistentemente me impede de tomar ações para melhorar minha situação financeira?"

Fique atento também aos seus comportamentos e reações em diferentes contextos. As teorias disfuncionais frequentemente se manifestam por meio de comportamentos defensivos, procrastinação ou autossabotagem. Essas ações podem ser indicativos claros de crenças subjacentes que precisam ser ajustadas. Manter um diário detalhando suas ações e reações pode ajudar a identificar esses padrões. Ao registrar diariamente, você pode começar a ver correlações entre suas reações e certas situações ou gatilhos emocionais, facilitando a identificação das teorias disfuncionais que direcionam esses comportamentos.

Esse processo de auto-observação e reflexão não apenas ilumina as teorias disfuncionais, mas também fornece uma base para começar a questioná-las e, eventualmente, transformá-las. Ao entender melhor por que certos padrões se repetem, você pode começar a elaborar estratégias para alterar essas crenças, adotando uma mentalidade mais funcional e produtiva que suporta seu crescimento e objetivos de enriquecimento.

MUDE AS SUAS TEORIAS DISFUNCIONAIS

QUESTIONAMENTO CRÍTICO

O questionamento crítico é uma técnica essencial para a avaliação de teorias, permitindo verificar sua validade e utilidade em relação à realidade. Este processo envolve uma investigação detalhada, começando pela identificação precisa da teoria em questão, garantindo que o escrutínio seja direcionado e produtivo.

- *Identificação da Teoria*: O primeiro passo é especificar claramente qual teoria você quer examinar. Isso foca o processo de análise e evita desvios.
- *Avaliação da Origem*: Questionar a origem da teoria é crucial. Perguntas como "De onde veio essa teoria?', 'Quem e que experiências contribuíram para essa teoria?" e 'Ela é baseada em fatos ou apenas em suposições?' ajudam a entender o contexto e a base de sua formação.
- *Evidências que Suportam:* O próximo passo é considerar as evidências que corroboram a teoria. É importante analisar se existem experiências e dados concretos que confirmam sua veracidade, além de verificar se essas evidências são contemporâneas ou se baseiam em informações que já podem estar desatualizadas.

- *Evidências Contrárias*: Também é fundamental buscar ativamente por evidências que contrariem a teoria. Investigar situações ou dados que desafiem suas premissas, perguntar-se sobre momentos em que a teoria não se aplicou e considerar perspectivas divergentes de outras pessoas são práticas que enriquecem a análise.

- *Consequências da Teori*a: Avaliar as consequências de manter certas teorias é outro aspecto crucial. É necessário refletir sobre como essas crenças impactam seu comportamento e decisões, se elas de alguma forma limitam seu potencial, e quais seriam os benefícios de alterá-las.

- *Alternativas Plausíveis*: Por fim, explorar teorias alternativas que sejam mais benéficas e ancoradas na realidade pode oferecer novos caminhos e perspectivas. Questionar "Existem outras maneiras de pensar sobre esta situação?' e 'Quais teorias mais funcionais e capacitadoras poderiam substituir a antiga?' são indagações que podem levar a mudanças significativas em sua percepção e comportamento.

Integrar o questionamento crítico na sua rotina diária promove um pensamento mais flexível e adaptativo, algo extremamente valioso em um mundo em constante mudança, onde novas informações podem desafiar o status quo. Adotar essa prática de reflexão regular sobre suas teorias e questioná-las pode ajudar não só a ajustar crenças desatualizadas, mas também a desenvolver uma mentalidade mais aberta e receptiva a novas ideias e mudanças.

CONFRONTE AS EVIDÊNCIAS

O primeiro passo para confrontar uma teoria com evidências envolve a coleta meticulosa de informações de fontes confiáveis que possam confirmar ou negar a validade da teoria em questão. Esta coleta pode ser feita através de diversos meios:

1. *Dados Estatísticos*: É fundamental buscar dados e estatísticas que possam diretamente apoiar ou refutar a teoria. Esses dados devem ser coletados de fontes respeitáveis e devem ser específicos para a área de interesse da teoria.

2. *Experiências Pessoais*: Analisar suas próprias experiências para verificar se elas sustentam ou desafiam a teoria é outro método valioso. Suas observações e vivências pessoais podem fornecer insights únicos sobre a aplicabilidade da teoria na prática.

3. *Histórias de Terceiros*: Considerar as experiências de outras pessoas também é crucial. Histórias e testemunhos podem oferecer perspectivas adicionais e ajudar a entender a teoria em diferentes contextos e situações.

ANALISE AS EVIDÊNCIAS DE FORMA CRÍTICA

Após a coleta, é essencial realizar uma análise crítica das evidências. Este processo inclui avaliar a qualidade, relevância e atualidade das informações obtidas:

- *Relevância*: Verifique se as evidências coletadas são diretamente relevantes para a teoria em questão. As informações devem ser pertinentes para a área específica que a teoria aborda.
- *Validade*: Avalie se as fontes das evidências são confiáveis e respeitadas no campo relevante. Isso é fundamental para garantir a credibilidade das informações.
- *Atualidade*: Certifique-se de que as informações são atuais. Dados desatualizados podem levar a conclusões equivocadas e prejudicar a validade da análise.

HORA DE CONFRONTAR A TEORIA

Com as evidências devidamente analisadas, é hora de confrontar a teoria diretamente:

- *Corrobore a Teoria*: Quando as evidências coletadas suportam consistentemente a teoria, esta pode ser mantida com maior confiança. No entanto, é fundamental manter uma atitude crítica, continuando a questionar e reavaliar a teoria periodicamente à luz de novas informações que possam surgir. Por exemplo, uma teoria em psicologia que é respaldada por múltiplos estudos recentes pode ser considerada robusta, mas deve-se estar atento a novas pesquisas que possam apresentar dados ou perspectivas diferentes.

- *Desafie a Teoria*: Por outro lado, se as evidências recolhidas contrariam a teoria, isso indica que pode ser necessário revisá-la ou até abandoná-la. Este processo requer um exame introspectivo significativo e uma disposição para mudar de perspectiva. Um exemplo disso pode ser visto na comunidade científica, onde teorias previamente aceitas são ajustadas ou descartadas quando novas evidências científicas demonstram sua ineficácia.

Incorporar esse processo de questionamento e avaliação crítica em sua rotina diária pode fortalecer sua capacidade de pensar criticamente e adaptar-se a novos conhecimentos e situações, um aspecto essencial em um mundo que está constantemente evoluindo.

FAÇA ADAPTAÇÃO BASEADO EM EVIDÊNCIAS, NÃO EM ACHISMOS

Quando evidências desafiam uma teoria existente, torna-se necessário adaptar não apenas as teorias, mas também os comportamentos e perspectivas relacionados:

- *Reformule as Teorias*: Com base nas evidências, as teorias devem ser reformuladas para refletir uma compreensão mais precisa e fundamentada na realidade atual. Isso pode significar ajustar uma teoria de mercado em economia para refletir melhor as dinâmicas econômicas contemporâneas.

- *Mude o Comportamento*: Ajustar comportamentos para se alinhar com as novas teorias é essencial. Isso pode envolver mudanças na maneira como tomamos decisões, interagimos com os outros ou perseguimos nossos objetivos. Por exemplo, uma empresa pode mudar sua estratégia de marketing baseada em novas teorias sobre o comportamento do consumidor.

REFLEXÃO E CRESCIMENTO CONTÍNUO

O confronto com as evidências não é um evento pontual, mas parte de um processo contínuo de crescimento e aprendizado:

- *Avaliação Periódica*: É crucial reavaliar regularmente as teorias à luz de novas evidências e experiências. Isso garante que as teorias permaneçam relevantes e úteis, adaptando-se às mudanças no conhecimento e no contexto mundial.
- *Abertura para Mudança*: Manter uma mente aberta e estar disposto a adaptar teorias quando confrontado com evidências convincentes é vital para o desenvolvimento intelectual e prático. Isso permite que indivíduos e organizações permaneçam ágeis e responsivos em um mundo em constante evolução.

Portanto, confrontar teorias com evidências e estar disposto a adaptar crenças e comportamentos com base nessas evidências são aspectos fundamentais para o progresso contínuo em qualquer campo de estudo ou prática.

"NÃO CONSIGO ENRIQUECER"

Infelizmente, essa é a teoria disfuncional predominante na maioria das pessoas, envolvendo a maioria - se não todas - as causas e origens que abordamos anteriormente. Para facilitar a você o caminho rumo a uma Vida Rica Por Completo, vamos atacar diretamente essa teoria disfuncional para tratá-la de uma vez por todas em sua vida.

RECONHEÇA A TEORIA

Primeiramente, é necessário reconhecer e articular claramente a crença limitante "não consigo enriquecer".

Ação: Anote em um diário todas as vezes que essa teoria vem à mente, especialmente durante decisões financeiras ou ao pensar sobre seu futuro financeiro. Isso ajuda a tornar concreta a frequência e as circunstâncias em que essa crença negativa surge.

IDENTIFIQUE SUAS ORIGENS

Investigue a origem dessa teoria disfuncional, ao longo da sua vida.

Ação: Reflita sobre a influência de sua família, suas experiências de infância com dinheiro, e as mensagens culturais sobre riqueza que foram internalizadas ao longo dos anos. Questione-se se esta teoria realmente reflete suas capacidades ou se é simplesmente o eco de crenças externas impostas durante um período vulnerável de sua vida.

FAÇA UM QUESTIONAMENTO CRÍTICO

Avalie criticamente a validade da teoria.

Ação: Questionamentos como "Quais evidências concretas tenho de que não posso enriquecer?", "Existem exemplos de pessoas em situações semelhantes às minhas que prosperaram financeiramente?" e "Esta crença está baseada em fatos ou suposições?" são essenciais para desafilar a validade dessa teoria.

CONFRONTE AS EVIDÊNCIAS

Procure evidências que tanto suportem quanto refutem a teoria.

Ação: Pesquise e estude histórias de sucesso financeiro, particularmente de pessoas que começaram com recursos limitados. Compare as estratégias usadas por essas pessoas com as suas, avaliando se as barreiras que você enfrenta para enriquecer são baseadas em fatores objetivos ou são apenas percepções subjetivas.

CONSTRUA TEORIAS ENRIQUECEDORAS

Formule novas teorias que favoreçam o enriquecimento.

Ação: Crie afirmações positivas como "Sou capaz de aprender e aplicar estratégias financeiras eficazes" ou "Cada passo que dou me aproxima mais da prosperidade financeira". Utilize técnicas de visualização para se imaginar alcançando seus objetivos financeiros, reforçando assim crenças mais positivas e produtivas.

PRÁTICAS PARA MANTER TEORIAS ENRIQUECEDORAS

Ação: Engaje-se em práticas de mindfulness e visualização diariamente para manter o foco em seus objetivos financeiros. Crie um quadro de visões que represente visualmente suas metas de enriquecimento e revise-o regularmente para manter sua motivação.

Ação: Estude histórias de pessoas que transformaram suas perspectivas e, por consequência, suas trajetórias financeiras. Participe de workshops, leia livros e assista a vídeos que ofereçam conselhos práticos e inspiração de indivíduos que alcançaram sucesso financeiro.

CAPÍTULO 10

TÉCNICAS AFIRMAÇÃO E VISUALIZAÇÃO PARA O ENRIQUECIMENTO

As técnicas de afirmação e visualização são ferramentas essenciais no desenvolvimento pessoal, sendo especialmente eficazes na realização de objetivos financeiros. Elas operam por meio da reprogramação do subconsciente, substituindo crenças limitantes por teorias capacitadoras e cultivando uma visão mental positiva dos objetivos desejados.

AFIRMAÇÕES O PARA ENRIQUECIMENTO

Afirmações são declarações positivas formuladas no tempo presente, projetadas para refletir o estado ou resultado desejado como se já tivesse sido realizado. Elas funcionam moldando o pensamento e ajustando a atitude, sincronizando o subconsciente com os objetivos conscientes. Veja como praticar:

- *Seja Específico:* As afirmações precisam ser claras e descrever exatamente o que se deseja alcançar. Por exemplo, ao invés de dizer "quero ser rico", uma afirmação mais eficaz seria "Eu sou financeiramente independente e possuo uma riqueza substancial".

- *Use o Tempo Presente:* Articule as afirmações como se os objetivos já fossem realidade ajuda a construir a crença de que o sucesso é possível e já está ocorrendo.
- *Inclua Emoção:* Afirmações evocam maior poder quando acompanhadas de uma resposta emocional. É importante sentir a gratidão, alegria ou paz que viria com a realização do seu objetivo financeiro.
- *Repita Regularmente:* Para maximizar sua eficácia, as afirmações devem ser repetidas diariamente, várias vezes ao dia, especialmente em momentos de dúvida ou negatividade em relação às suas metas financeiras.

EXEMPLOS DE AFIRMAÇÕES PARA ENRIQUECIMENTO

Eu atraio oportunidades lucrativas facilmente para minha vida.

Cada decisão que tomo solidifica minha riqueza.

Sou grato por minha crescente estabilidade financeira e prosperidade.

Eu mereço e desfruto de uma Vida Rica Por Completo.

Eu sou próspero em todos os meus empreendimentos e em todas as áreas da minha vida.

Eu sempre tenho mais do que o suficiente para todas as minhas necessidades.

VISUALIZAÇÃO PARA O ENRIQUECIMENTO

A visualização consiste em criar uma imagem mental vívida do objetivo desejado como se ele já tivesse sido alcançado. Esse processo não só motiva e inspira, mas também facilita a identificação e a execução de ações necessárias para alcançar esses objetivos. Veja como praticar a visualização:

- *Ambiente Tranquilo*: Procure um local calmo onde não será interrompido, permitindo uma concentração total na visualização.
- *Use Todos os Sentidos*: Engaje todos os seus sentidos durante a visualização. Imagine visualizar o saldo desejado na sua conta bancária, sentir a segurança financeira, ouvir sons associados ao seu sucesso, como diálogos sobre negócios bem-sucedidos.

- *Prática Regular*: A consistência é chave. Dedique tempo todos os dias, mesmo que apenas alguns minutos, para visualizar seus objetivos financeiros como já realizados.
- *Incorpore Ações*: Enquanto visualiza, pense em ações concretas que podem ser tomadas para materializar esses resultados. Isso transforma a visualização em um plano de ação mental, além de uma ferramenta motivacional.

Ao incorporar afirmações e visualização em sua rotina, você não só melhora sua mentalidade financeira, mas também fortalece sua capacidade de transformar aspirações financeiras em realidade tangível.

AGORA, A VIDA RICA POR COMPLETO ESTÁ EM SUAS MÃOS!

Agora, caro leitor, que você compreendeu do que se trata uma Vida Rica por Completo, você compreendeu a si mesmo através de um processo de autoconhecimento, todas as barreiras e teorias disfuncionais que o mantêm longe do enriquecimento e o que você precisa mudar para chegar lá, o restante está em suas mãos. Este processo não termina aqui. Na verdade, ele apenas começa com a última página deste livro. A verdadeira aplicação dos conceitos que discutimos, as transformações que você deseja fazer e os objetivos que aspira alcançar dependem agora 100% da sua ação contínua e determinada.

Você foi equipado com ferramentas para entender melhor suas capacidades e limitações, suas forças e suas fraquezas. Aprendeu sobre a importância da responsabilidade consciente, de não se vitimizar, de aprender com os erros, e de perseguir seus objetivos com resiliência e inteligência.

Mas não se engane: todos esses ensinamentos são inúteis sem que você os aplique diariamente em sua vida.

A consistência e a repetição são fundamentais para desenvolver e solidificar teorias funcionais e enriquecedoras que impulsionam o crescimento pessoal e financeiro. A prática de internalizar novas perspectivas positivas transforma-as em hábitos de pensamento que influenciam naturalmente nossos comportamentos e decisões.

Utilizar gravações de áudio com mensagens positivas ao longo do dia é uma técnica eficaz para acelerar esse processo. Essa exposição contínua pode ajudar a reprogramar o subconsciente, substituindo crenças limitantes por crenças mais capacitadoras e otimistas.

Além disso, a repetição de teorias enriquecedoras através de afirmações, visualizações e revisões mentais frequentes é crucial. Cada repetição não só reforça essas novas teorias no subconsciente, tornando-as mais acessíveis e prováveis de serem ativadas em situações relevantes, mas também ajuda a diminuir o poder de teorias anteriores e disfuncionais.

Manter um diário de progresso e reflexões é outra prática valiosa. Escrever sobre suas experiências e realizações pode reforçar o impacto das teorias positivas e ajudar a identificar áreas que precisam de mais atenção. Compartilhar seus objetivos e teorias com amigos confiáveis ou familiares cria um sistema de apoio e aumenta sua responsabilidade, o que pode impulsionar a adesão consistente às práticas estabelecidas.

No entanto, mesmo com um plano robusto de consistência e repetição, é essencial avaliar periodicamente a eficácia de suas práticas. Questionar-se regularmente sobre a relevância das teorias e práticas para seus objetivos atuais, a emergência de novas teorias disfuncionais que precisam ser abordadas, e os ajustes necessários para melhor apoiar seu crescimento é crucial para o desenvolvimento contínuo.

Além disso, a prática diária de mindfulness e autoconsciência é fundamental para manter uma mente alerta e receptiva às mudanças necessárias, facilitando a aplicação de teorias positivas e o reconhecimento de padrões disfuncionais. Essas técnicas ajudam a cultivar uma postura reflexiva e proativa em relação ao próprio desenvolvimento mental e emocional, essencial para quem busca não apenas o enriquecimento financeiro, mas uma vida plena e realizada. Detalhes adicionais e discussões sobre a eficácia dessas práticas podem ser encontrados no meu livro "SEM ISSO VOCÊ NÃO VAI EMAGRECER", onde exploro profundamente como essas técnicas podem ser aplicadas para alcançar objetivos de longo prazo.

E lembre-se que cada decisão que você toma e ação que você realiza deve ser um reflexo de quem você deseja se tornar. Jamais será apenas sobre acumular riqueza, e sempre sobre ser rico em caráter, em relações e em contribuições para o mundo.

Como último conselho, encorajo você a não guardar para si o conhecimento e as transformações que você experimentar. Compartilhe-os com outros, seja através de conversas, liderando pelo exemplo, ou até mesmo ensinando o que você aprendeu através das redes sociais, de conversas olho no olho ou, quem sabe, de um livro. Enriquecer a si mesmo é grandioso, mas contribuir para o enriquecimento dos outros é o que verdadeiramente amplia o conceito de uma Vida Rica Por Completo.

Então, siga adiante com coragem e convicção. Enfrente os desafios com a cabeça erguida e um coração resiliente, afinal o poder de mudar a sua vida está, e sempre esteve, em suas mãos. Faça disso a sua verdade e veja o quão longe você pode ir.

Boa sorte na sua trajetória rumo a uma Vida Rica Por Completo.

Boa sorte na sua trajetória rumo a uma Vida Rica Por Completo.

Conte sempre comigo.

Hayka Wesley (@wesleyhayka)

Instagram

https://www.instagram.com › wesleyhayka

Youtube

https://www.youtube.com/@WesleyHayka

Leia também do mesmo autor:

“ALGUÉM ESTÁ SENTADO NA SOMBRA HOJE PORQUE ALGUÉM PLANTOU UMA ÁRVORE HÁ MUITO TEMPO.”

— WARREN BUFFETT

EDITORA
SAVI

Site: www.editorasavi.com.br
e-mail: contato@editorasavi.com.br